plurall

CB137192

Parabéns!
Agora você faz parte do **Plurall**, a plataforma digital do seu livro didático!
Acesse e conheça todos os recursos e funcionalidades disponíveis para as suas aulas digitais.

Baixe o aplicativo do **Plurall** para Android e IOS ou acesse **www.plurall.net** e cadastre-se utilizando o seu código de acesso exclusivo:

AASGBS889

Este é o seu código de acesso Plurall.
Cadastre-se e ative-o para ter acesso aos conteúdos relacionados a esta obra.

@plurallnet

@plurallnetoficial

SOMOS EDUCAÇÃO

DE ACORDO COM A BNCC

WILLIAM **CEREJA**
CILEY **CLETO**

INTERPRETAÇÃO DE TEXTOS

Desenvolvendo a competência leitora

7

WILLIAM **CEREJA**

Professor graduado em Português e Linguística e licenciado em Português pela Universidade de São Paulo
Mestre em Teoria Literária pela Universidade de São Paulo
Doutor em Linguística Aplicada e Análise do Discurso pela PUC-SP

CILEY **CLETO**

Professora graduada e licenciada em Português pela Universidade de São Paulo
Mestra em Linguística e Semiótica pela Universidade de São Paulo

Atual Editora

plurall

Editora Saraiva

Presidência: Mario Ghio Júnior
Vice-presidência de educação digital: Camila Montero Vaz Cardoso
Direção editorial: Lidiane Vivaldini Olo
Gerência editorial: Viviane Carpegiani
Gestão de área e produção: Noé G. Ribeiro
Edição: Fernanda Vilany, Mônica Rodrigues de Lima e Paula Junqueira
Planejamento e controle de produção: Flávio Matuguma (ger.), Juliana Batista (coord.), Vivian Mendes e Suelen Ramos (analistas)
Revisão: Letícia Pieroni (coord.), Aline Cristina Vieira, Anna Clara Razvickas, Brenda T. M. Morais, Carla Bertinato, Daniela Lima, Danielle Modesto, Diego Carbone, Kátia S. Lopes Godoi, Lilian M. Kumai, Malvina Tomáz, Marília H. Lima, Paula Rubia Baltazar, Paula Teixeira, Raquel A. Taveira, Ricardo Miyake, Shirley Figueiredo Ayres, Tayra Alfonso e Thaise Rodrigues
Arte: Fernanda Costa da Silva (ger.), Catherine Saori Ishihara (coord.), Christine Getschko (edição de arte)
Diagramação: Ilê Comunicação
Iconografia e tratamento de imagem: Roberta Bento (ger.), Claudia Bertolazzi (coord.), Cristina Akisino (pesquisa iconográfica) e Fernanda Crevin (tratamento de imagens)
Licenciamento de conteúdos de terceiros: Roberta Bento (ger.), Jenis Oh (coord.), Liliane Rodrigues, Flávia Zambon e Raísa Maris Reina (analistas de licenciamento), Cristina Akisino
Ilustrações: David Martins e Jean Galvão
Cartografia: Eric Fuzii (coord.) e Robson Rosendo da Rocha
Design: Erik Taketa (coord.) e Talita Guedes da Silva (proj. gráfico e capa)
Foto de capa: Chairat Natesawai/EyeEm/Getty Images; © Armandinho, de Alexandre Beck/Acervo do cartunista; M.C. Escher's "Três Mundos" © 2020 The M.C. Escher Company - The Netherlands. All rights reserved. www.mcescher.com

Avenida Paulista, 901, 6º andar – Bela Vista
São Paulo – SP – CEP 01310-200
http://www.somoseducacao.com.br

Dados Internacionais de Catalogação na Publicação (CIP)

Cereja, William Roberto
Interpretação de textos : desenvolvendo a competência leitora, 6° a 9° ano / William Roberto Cereja, Ciley Cleto. -- 3. ed. -- São Paulo: Atual, 2021.
(Interpretação de textos ; vol. 6 ao 9)

1. Língua portuguesa (Ensino fundamental) 2. Língua portuguesa (Ensino fundamental) I. Título II. Cleto, Ciley

20-4495 CDD 372.6

Angélica Ilacqua - CRB-8/7057

2024
Código da obra CL 801929
CAE 753201 (AL) / 753205 (PR)
ISBN 978-65-5945-001-5 (AL)
ISBN 978-65-5945-005-3 (PR)
3ª edição
4ª impressão
De acordo com a BNCC.

Impressão e acabamento: Bercrom Gráfica e Editora

Uma publicação SOMOS EDUCAÇÃO

Apresentação

Prezado estudante

No mundo em que vivemos, o texto perpassa cada uma de nossas atividades, individuais e coletivas. Verbais, não verbais ou mistos, os textos se cruzam, se completam e se modificam incessantemente, acompanhando o movimento de transformação do ser humano e suas formas de organização social.

É por meio de textos que convivemos com outras pessoas, próximas ou distantes, informando ou informando-nos, esclarecendo ou defendendo nossos pontos de vista, alterando a opinião de nossos interlocutores ou sendo modificados pela opinião deles. Por intermédio dos textos, inventamos histórias, relatamos nosso cotidiano, transmitimos nossos conhecimentos. É pelo texto que se expressa toda forma de opinião, de informação e nossa visão de mundo.

Mas não basta produzir ou receber textos. Neste mundo de diferentes linguagens e mídias, é preciso compreendê-los, relacioná-los, interpretá-los. A interpretação desses textos é essencial para nos tornarmos leitores competentes e nos inserirmos nas inúmeras práticas sociais de linguagem, seja navegando na internet, seja lendo um artigo científico ou uma história em quadrinhos, seja lendo gráficos, infográficos e tabelas.

Esta obra foi escrita com este objetivo: ajudá-lo a construir e desenvolver sua competência leitora e levá-lo a enfrentar com tranquilidade os desafios que se apresentam em sua vida escolar, preparando-o para leituras em diferentes disciplinas e, posteriormente, para exames oficiais, como a Prova Brasil, o Enem e os vestibulares.

Por meio de textos da atualidade, de diferentes gêneros e linguagens, você desenvolverá sua competência leitora, apropriando-se de diversas operações, como fazer inferências em um texto, comparar textos, relacionar um texto verbal e outro não verbal, estabelecer relações de causa e consequência, reconhecer a ideia principal e as ideias secundárias de um texto, perceber efeitos de ironia e humor, o uso de recursos expressivos da linguagem, etc.

Enfim, este livro foi elaborado para você, que está se preparando para enfrentar novos desafios, está sintonizado com a realidade do século XXI, é dinâmico, interessado e ávido por ler e interpretar todos os textos do mundo!

Sumário

CAPÍTULO 1

Shutterstock / Tetiana Yurchenko

Reprodução/www.hortifruti.com.br

CAPÍTULO 2

CAPÍTULO 3

CAPÍTULO 4

Daniel Berehulak/Getty Images

CAPÍTULO 5

CAPÍTULO 6

Reprodução/Acervo pessoal

Foto Pierre Verger/©Fundação Pierre Verger.

CAPÍTULO 7

CAPÍTULO 8

CAPÍTULO 9

CAPÍTULO 10

BIBLIOGRAFIA

Jacob_09/Shutterstock

Capítulo 1

Likes e *links*, fatos e *fakes*

Vivemos conectados, "googlados"! Basta um clique para iniciar um *chat*, ouvir música, enviar ou receber uma foto, ver um vídeo, fazer uma compra, conhecer lugares distantes... Porém, ao lado de certas facilidades que a internet nos proporciona, há um outro lado que precisa ser discutido.

Leia este texto:

sorbetto/Getty Images

Fake News

A divulgação de notícias falsas, conhecidas como *fake news*, pode interferir negativamente em vários setores da sociedade, como política, saúde e segurança.

Apesar de parecer recente, o termo *fake news*, ou notícia falsa, em português, é mais antigo do que aparenta. Segundo o dicionário Merriam-Webster, essa expressão é usada desde o final do século XIX. O termo é em inglês, mas se tornou popular em todo o mundo para denominar informações falsas que são publicadas, principalmente, em redes sociais.

Carlos Amarillo/Shutterstock

O que significa *fake news*?

Não é de hoje que mentiras são divulgadas como verdades, mas foi com o advento das redes sociais que esse tipo de publicação popularizou-se. A imprensa internacional começou a usar com mais frequência o termo *fake news* durante a eleição de 2016 nos Estados Unidos, na qual Donald Trump tornou-se presidente. [...]

Na época em que Trump foi eleito, algumas empresas especializadas identificaram uma série de sites com conteúdo duvidoso. A maioria das notícias divulgadas por esses sites explorava conteúdos sensacionalistas, envolvendo, em alguns casos, personalidades importantes, como a adversária de Trump, Hillary Clinton.

Como funcionam as *fake news*?

Os motivos para que sejam criadas notícias falsas são diversos. Em alguns casos, os autores criam manchetes absurdas com o claro intuito de atrair acessos aos sites e, assim, faturar com a publicidade digital.

No entanto, além da finalidade puramente comercial, as *fake news* podem ser usadas apenas para criar boatos e reforçar um pensamento, por meio de mentiras e da disseminação de ódio. Dessa maneira, prejudicam-se pessoas comuns, celebridades, políticos e empresas.

É isso o que acontece, por exemplo, durante períodos eleitorais, nos quais empresas especializadas criam boatos, que são disseminados em grande escala na rede, alcançando milhões de usuários. [...]

Existem grupos específicos que trabalham espalhando boatos. No entanto, não é fácil encontrar as empresas que atuam nesse segmento, pois elas operam na chamada *deep web*, isto é, uma parte da rede que não é indexada pelos mecanismos de buscas, ficando oculta ao grande público.

Para disseminar informações falsas, é criada uma página na internet. Um robô criado pelos programadores desses grupos é o responsável por disseminar o *link* nas redes. Quanto mais o assunto é mencionado nas redes, mais o robô atua, chegando a disparar informações a cada dois segundos, o que é humanamente impossível.

r.classen/Shutterstock

Com tamanho volume de disseminação de conteúdos, pessoas reais ficam vulneráveis às *fake news* e acabam compartilhando essas informações. Dessa forma, está criada uma rede de mentiras com pessoas reais.

[...]

Como combater as *fake news*?

Para as autoridades, identificar e punir os autores de boatos na rede é uma tarefa muito difícil. No caso do Brasil, a legislação que prevê punição para esse tipo de crime não fala sobre internet, cita apenas rádio e televisão.

Shutterstock/Tetiana Yurchenko

Alguns sites de *fake news* usam endereços e *layouts* parecidos com os de grandes portais de notícias, induzindo o internauta a pensar que são páginas de credibilidade. Por isso, todo cuidado é pouco na internet.

A maneira mais efetiva de diminuir os impactos das *fake news* é cada cidadão fazer sua parte, compartilhando apenas aquilo que tem certeza de que é verdade. O ideal é duvidar sempre e procurar informações em outros veículos, especialmente nos conhecidos como grande mídia.

No Brasil, existem agências especializadas em checar a veracidade de notícias suspeitas e de boatos, as chamadas *fact-checking*. Alguns grandes portais de notícias também criaram setores para checagem de informações.

(Disponível em: https://mundoeducacao.uol.com.br/curiosidades/fake-news.htm. Acesso em: 15/9/2020.)

1 ▪ O texto lido é uma notícia sobre *fake news*.

a) Qual é o significado da expressão *fake news*?

____

____

b) Com que finalidade são publicadas as *fake news*?

____

____

____

c) Que fato da política americana ilustra sua resposta anterior?

____

____

____

Capítulo 1

2. De acordo com o texto, existem grupos especializados em espalhar *fake news* nas redes sociais.

a) Como eles atuam nas redes sociais?

b) Por que essas notícias viralizam na internet como sendo verídicas?

c) Quais são as consequências desses atos?

d) Como o usuário deve agir para que não circulem *fake news*?

3. Releia este trecho:

> "No caso do Brasil, a legislação que prevê punição para esse tipo de crime não fala sobre internet, cita apenas rádio e televisão."

O que essa informação mostra sobre a atualidade da lei no país?

4. O texto cita algumas técnicas usadas para confundir o leitor e algumas medidas preventivas para não cair no engano das *fake news*.

a) Que meio é utilizado para confundir o leitor?

b) Marque as recomendações feitas no texto para evitar a proliferação de *fake news*:

- Enviar a pessoas bem-informadas para ver o que elas acham.
- Checar as informações em veículos da grande mídia.
- Não compartilhar mensagens sobre as quais não se tem certeza.
- Checar as informações em grandes portais de notícia e agências especializadas (as *fact-checking*).
- Devolver a mensagem ao remetente, checando as suas fontes.

5. A linguagem jornalística, de modo geral, procura mostrar imparcialidade em suas publicações, procurando descrever os fatos de forma objetiva, sem emitir opiniões. Apesar disso, é comum encontrarmos palavras e expressões que expressam opiniões ou avaliações (julgamentos de valor) nos textos.

Releia este trecho:

> "A maneira mais efetiva de diminuir os impactos das *fake news* é cada cidadão fazer sua parte, compartilhando apenas aquilo que tem certeza de que é verdade. O ideal é duvidar sempre e procurar informações em outros veículos, especialmente nos conhecidos como grande mídia."

a) Que expressões desse parágrafo revelam uma posição pessoal por parte do jornalista?

____

____

b) Que posição ele assume em relação às *fake news*?

____

____

6. Discuta com o professor e os colegas:

- Você checa as informações que recebe das redes sociais?
- Você já recebeu alguma *fake news*? Se sim, conte para os colegas como foi e o que fez na ocasião.
- Levante hipóteses. Que consequências negativas pode causar uma *fake news* na área da saúde, na política, na segurança e no plano pessoal?

Mino Surkala/Shutterstock

Palavras em contexto

1 Releia este trecho do texto:

> "Com tamanho volume de disseminação de conteúdos, pessoas reais ficam **vulneráveis** às *fake news* e acabam compartilhando essas informações. Dessa forma, está criada uma rede de mentiras com pessoas reais."

Qual é o sentido da palavra **vulneráveis** no contexto?

2 Agora releia este trecho:

> "Na época em que Trump foi eleito, algumas empresas especializadas identificaram uma série de sites com conteúdo duvidoso. A maioria das notícias divulgadas por esses sites explorava conteúdos sensacionalistas, envolvendo, em alguns casos, personalidades importantes, como a adversária de Trump, Hillary Clinton."

a) Qual é o sentido da palavra **duvidoso** no contexto?

b) E da palavra **sensacionalistas**?

c) Qual efeito de sentido o emprego do pronome indefinido **algumas** produz na expressão em "algumas empresas especializadas"?

3 No texto, foram empregadas várias palavras e expressões em inglês, como *fake news*, *site*, *links*, *deep web* e *fact-checking*. O que explica essa presença da língua inglesa?

Texto e intertexto

Leia este texto:

No mundo da internet

Artigo: A cultura do cancelamento

Adriana Izel

No mundo da **internet**, principalmente no terreno das **redes sociais**, é fácil ler que determinada pessoa foi cancelada. A expressão diz respeito à chamada **cultura do cancelamento**, termo que foi considerado o de maior destaque de 2018 e de 2019 pelo Dicionário Macquarie, por causa da disseminação ocorrida nas redes sociais pelo mundo. Não se sabe ao certo a origem dele, mas foi a partir de 2017, durante as denúncias de assédio sexual em Hollywood e o surgimento do movimento #MeToo, que ele começou a aparecer com mais força.

Embora o movimento tenha decolado em 2017 com a hashtag #MeToo, ele definitivamente manteve seu ímpeto e começou a espalhar suas asas linguísticas para além da hashtag e do nome do movimento, respondendo a uma necessidade óbvia no discurso que cerca essa convulsão social, explicou, em comunicado, o Dicionário Macquarie.

No dicionário, a palavra *cancelar* quer dizer eliminar ou riscar para tornar sem efeito. É exatamente isso que a cultura do cancelamento da web propõe. Basta que uma pessoa pública ou não, apesar de que os famosos acabam sendo as principais vítimas, faça algo errado para que as propostas de cancelamento comecem a surgir.

[...]

Como tudo na vida, a cultura do cancelamento tem bônus e ônus. Como ponto positivo, percebo a indignação das pessoas em relação a situações que antes passavam despercebidas, como casos de preconceito, machismo e racismo, além dos citados acima. No entanto, o ponto negativo desse movimento está na anulação por completo. Não há uma conversa, não há uma busca por se colocar no lugar do outro.

É claro que há atitudes que são deploráveis e até criminosas. E, para usar outro termo da internet, não é preciso passar pano acobertando erros. Mas a decisão de cancelar alguém, muitas vezes, pode ser drástica demais. É como se tivéssemos o poder de eliminar, ao melhor estilo do que ocorre em realities shows onde isso, de fato, é uma brincadeira, parte de uma dinâmica de jogo sem direito a resposta ou retratação.

(*Correio Braziliense*. Disponível em: https://www.correiobraziliense.com.br/app/noticia/opiniao/2020/03/17/internas_opiniao,834742/artigo-a-cultura-do-cancelamento.shtml. Acesso em: 15/9/2020.)

1 O artigo discute a **cultura do cancelamento**. Essa expressão apareceu em 2017, durante as denúncias de assédio sexual em Hollywood e o surgimento do movimento #MeToo.

a) Em que ambiente a cultura do cancelamento ocorre?

b) Quem são as vítimas?

2 De acordo com o texto:

a) Por quais razões uma pessoa é cancelada na internet?

b) Que impacto pode ter o cancelamento para a pessoa afetada?

3 Segundo o texto, "a cultura do cancelamento tem bônus e ônus".

a) Que tipo de bônus o cancelamento pode trazer?

b) E que tipo de ônus ele pode trazer?

4 O texto compara o ato de cancelar alguém a um *reality show* em que não se tem direito a resposta ou retratação.

a) Que sentimento há em quem cancela o outro?

b) Por que o cancelamento na internet é diferente de um *reality show*?

5 Compare o conteúdo do texto "*Fake News*", lido na abertura deste capítulo, com o conteúdo do texto "A cultura do cancelamento".

a) O que há em comum entre eles?

b) Esses dois fenômenos da internet podem se influenciar mutuamente? Justifique sua resposta.

Exercícios

Leia a tira:

Adão Iturrusgarai/Acervo do cartunista

1. Na fala do homem, o emprego do ponto de exclamação reforça a ideia de:

   a) dúvida. b) espanto. c) raiva. d) ordem.

2. O humor da tira está:

   a) em ironizar a *selfie*, mostrando-a como algo que faz parte até do adestramento de cães.

   b) no adestramento metódico, que envolve diferentes situações, ao qual o cão é submetido.

   c) na relação de amizade existente entre o homem e seu cão.

   d) na supervalorização da tecnologia.

Leia o texto:

Depoimento: Não dá pra não ter celular

Marion Strecker — Colunista da Folha

Claro que dá pra não ter. Mas não ter é só para radicais, libertários, desprendidos ou os que têm uma vida regrada junto a telefones fixos.

A maioria acha que não dá pra não ter um celular. Eu também, embora saiba que dá. Virou dependência. Nós achamos que precisamos e os outros também esperam isso de nós. "Como? Você não tem celular?", perguntam, como se a pessoa fosse um ET.

Uns têm um. Outros têm dois ou mais. Ainda mais no Brasil, com esses planos de telefonia complexos e incomparáveis. Para driblar os preços absurdos o consumidor é levado a ter linhas diferentes, de modo a só ligar do seu Tim para os amigos que usam Tim, do seu Vivo para os que usam Vivo e assim por diante. Parece loucura. Mas é uma tentativa de economizar.

Monkey Business Images/Shutterstock

Digo tentativa porque nunca gastamos tanto com telecomunicação quanto na atualidade. Virou item de primeira necessidade.

Quanto tempo, dinheiro e energia gastos com aparelhos que quebram, ligações interrompidas ou inaudíveis e contas difíceis de entender.

Lojas cheias. Filas e senhas para sermos atendidos, que aceitamos como cupons de comida em tempo de guerra.

[...]

O celular é uma das coisas mais íntimas que alguém pode ter, reunindo e revelando as relações pessoais, seus dias, suas horas, suas vozes, suas frases, seus conteúdos. Perder ou achar um traz emoções e angústias. "Back-ups", para quem pode e consegue fazê-los, não resolvem. Perder o aparelho ou tê-lo roubado é como vestir uma saia que se levanta ao vento: vai bem para as Marilyns Monroes. Não para a maioria.

O aparelho está sempre fazendo volume no bolso, vibrando, emitindo sons, interrompendo a conversa, atrapalhando os outros.

O mito é ter o mundo nas mãos. A realidade é se tornar um escravo do aparelho.

Uma forma de mostrar quem manda nessa relação é manter o celular desligado. E só ligar quando quiser usá-lo. Mas os outros, as empresas, os aplicativos não deixam. Ficam com demandas e provocações, alertas e buzinaços.

Meu celular dito inteligente me causa alta ansiedade. Se está por perto, ligado e à vista, sinto toda hora a tentação de checar o que se passa ali. Então escondo, desligo e às vezes "esqueço" em casa.

[...]

Minha filha de 14 anos é mais viciada do que eu. Brinco que a geração dela ficará com patolas enormes no lugar dos dedões, de tanto digitar. Ela também dorme e acorda com ele (o álibi é o despertador). Leva o fulano para a escola, o banheiro, a praia, a neve, onde for. Só não surfou com ele, ainda.

[...]

Mas a história mais inusitada que ouvi foi a de uma amiga que levou o aparelho no bolsinho do avental para dentro da sala de parto. Seu primeiro filho nasceu. Enquanto ela era costurada, começou a digitar para contar as novidades aos familiares.

[...] "Ou ele ou eu", o marido disse várias vezes em discussões. Hoje, ela acha que a pressão do marido a educou.

Mas, quando ele a flagrou com o aparelho na mão ao ser costurada, ela teve medo de perdê-lo justo no dia em que seu filho nascia. No entanto, o marido decidiu fotografar a cena para ficar na história.

(Disponível em: https://noticias.bol.uol.com.br/ciencia/2012/10/30/depoimento-nao-da-pra-nao-ter-celular.jhtm. Acesso em: 30/8/2020.)

O QUE É *NOMOFOBIA*?

[...]

"A nomofobia é uma dependência patológica do celular — diferente de uma dependência normal, associada ao uso intenso por conta do trabalho ou por necessidades reais de comunicação", diz Anna Lucia Spear King, doutora em saúde mental e pesquisadora do laboratório de Pânico e Respiração da UFRJ.

"Os sintomas são alteração da respiração, angústia, ansiedade e nervosismo provocados pela falta do aparelho."

[...]

(Disponível em: https://www1.folha.uol.com.br/fsp/equilibrio/74946-que-medo-de-te-perder.shtml?origin=folha. Acesso em: 4/8/2016.)

3. Analisando-se o texto, nota-se que a autora tem certas opiniões sobre o uso do celular.

Entre as afirmações a seguir, quais correspondem a essas opiniões?

I. É quase impossível não ter celular, mas é preciso estabelecer limites no seu uso.

II. Os planos de telefonia contribuem para que as pessoas tentem economizar nas ligações.

III. As novas gerações exageram no uso do celular.

IV. As demandas do mundo dificultam às pessoas desligar o celular e só ligá-lo quando realmente é necessário.

V. O celular é a principal causa de ansiedade nas pessoas no mundo moderno.

a) I, II e III. b) I, II e V. c) I, II, III e IV. d) Todas.

4• Leia o boxe "O que é *nomofobia*?" e, depois, relacionando-o com o texto, conclua:

a) A nomofobia pode ser considerada um distúrbio de comportamento.

b) A nomofobia não é considerada um distúrbio de comportamento.

c) A nomofobia manifesta-se exclusivamente nos jovens.

d) A tendência é que todos tenham nomofobia, por causa do modo de vida moderno.

Leia o texto:

Cartaz do filme *Querida, encolhi as crianças*, de 1989, título parodiado na lista acima.

Os filmes campeões de bilheteria entre os informáticos

E tudo o vírus levou...; Apertem os cintos, o sistema caiu; Desejo de formatar 4; O PC de Rosemary; Deletar nunca, formatar jamais; A primeira conexão de Jonathan; Duro de deletar; Querida, formatei o winchester...; A insustentável leveza do C.; Log para entrar, reze para sair; Se meu Windows funcionasse...; A mão que balança o mouse...; A vida é tela...

(Disponível em: https://www.piadasnet.com/piada1853informatica.htm. Acesso em: 28/8/2020.)

5• Qual é a finalidade do texto?

a) emocionar.

b) informar.

c) relatar.

d) divertir.

6• Qual foi o recurso utilizado no texto para produzir humor?

a) Apresentar uma seleção de vários filmes conhecidos.

b) Apresentar a seleção dos filmes preferidos pelos informáticos.

c) Apresentar uma seleção de filmes conhecidos, mesclando as palavras de seus títulos com termos da informática.

d) Apresentar uma seleção de filmes que abordam o tema da tecnologia e da informática.

Leia o texto:

Reprodução/BBC

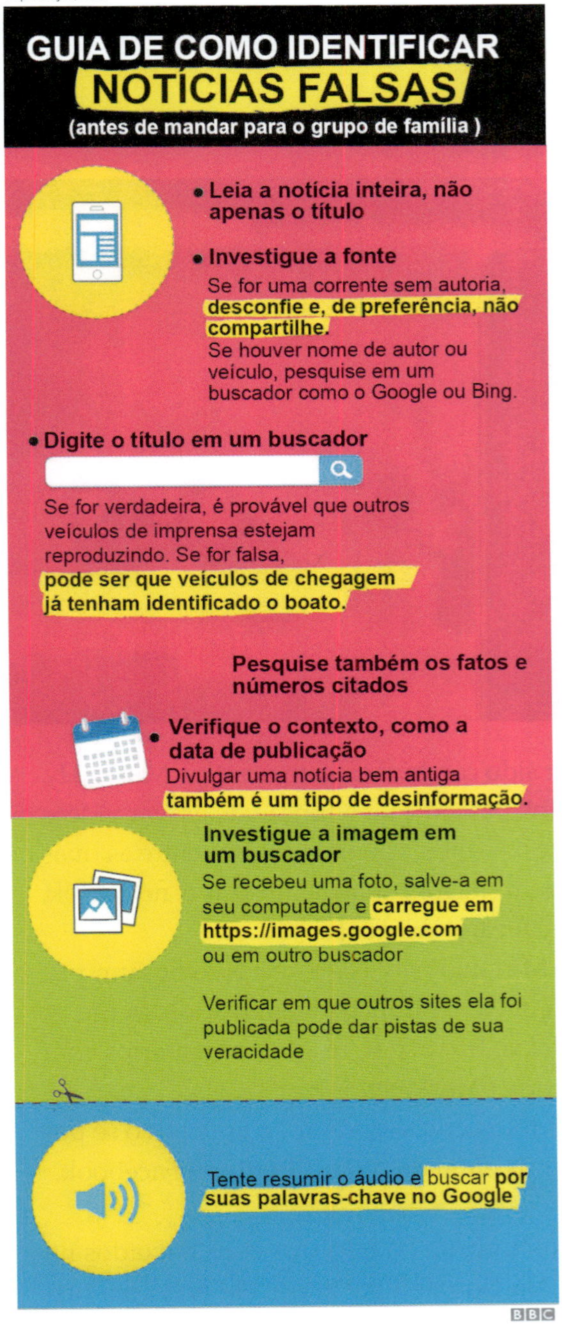

(Disponível em: https://www.terra.com.br/noticias/brasil/para-mandar-no-grupo-da-familia-um-guia-de-como-checar-se-uma-noticia-e-falsa,c2847574038f14b2e58933184b1d0c73f1g1y96o.html. Acesso em: 15/9/2020.)

7. O tema central do texto é:

a) troca de experiências familiares.

b) disseminação de *fake news*.

c) relacionamento amoroso.

d) competição social.

8. Observe a estrutura, o conteúdo, a linguagem e a finalidade do texto. Trata-se de:

a) um texto de divulgação científica, que tem por finalidade difundir conhecimentos tecnológicos em linguagem acessível.

b) um guia com orientações sobre como identificar uma notícia falsa.

c) um texto de opinião, que tem por finalidade documentar experiências tecnológicas dos usuários das redes sociais.

d) um relatório, que tem por finalidade documentar experiências tecnológicas dos usuários.

9. Com base no texto, pode-se deduzir que a principal causa da disseminação de uma notícia falsa é:

a) deixar de checar as fontes do texto recebido.

b) ler o texto sem atenção.

c) repassar para amigos e parentes.

d) observar a idoneidade de quem enviou.

10. Compartilhar uma notícia antiga:

a) não é *fake news*, pois o fato ocorreu efetivamente.

b) no contexto presente, aguça o olhar crítico do leitor.

c) atualiza os fatos para o leitor, mostrando como eles ainda são atuais.

d) fora de seu contexto natural, confunde e desorienta o leitor.

11. Os verbos são empregados no modo imperativo porque há a finalidade de transmitir:

a) ordens. b) pedidos. c) comandos. d) recomendações.

Leia o texto:

O que é o TikTok, o 3º app mais baixado do mundo

Rede social de vídeos está entre os aplicativos mais acessados do mundo

Daniel Constante/Shutterstock

Sucesso entre as mais diversas faixas etárias, o aplicativo de vídeos curtos TikTok entrou para a lista da consultoria SensorTower dos mais baixados, mundialmente, no primeiro trimestre de 2019. Com mais de 500 milhões de usuários espalhados pelo globo terrestre, o aplicativo é uma das redes sociais mais utilizadas dos dois últimos anos.

Desenvolvido pela empresa de tecnologia chinesa Bytedance, o aplicativo ganhou popularidade após ter sido combinado com o antigo Musical.ly, que a companhia adquiriu em 2018. Após a fusão, o TikTok passou a ter a função de gravar vídeos de 15 segundos, assim como acontece no Instagram Stories. A diferença mais notável entre as duas versões é que, no Musical.ly, o foco dos vídeos era dublagem sincronizada de músicas e, no TikTok, os usuários podem gravar tanto vídeos de humor como realizar dublagens.

Apesar de a empresa afirmar, em entrevista a **EXAME**, que não existe um foco em um público específico, a maior concentração de usuários está entre o público jovem e adolescente. A possível razão para isso é que a rede social se assemelha ao Snapchat, usado por usuários com idades entre 18 e 34 anos — segundo dados da consultoria eMarketer.

Palco para os produtores de conteúdo amadores e adolescentes criativos, o aplicativo se popularizou no Brasil após os vídeos terem se tornado virais em redes como Twitter e Facebook.

[...]

Atrás apenas do WhatsApp e do Facebook, o TikTok figurou na lista dos mais baixados na App Store (do iPhone) no primeiro trimestre de 2019. Na Google Play Store, ele ficou em primeiro lugar no período globalmente e teve mais de 150 milhões de downloads, no período de janeiro a março de 2019.

[...]

Para a empresa, a popularidade do aplicativo é dada por conta de sua plataforma interativa e seu conteúdo diversificado. "Nós estamos testemunhando uma crescente tendência entre as pessoas que estão ansiosas para se expressar através de saídas novas e criativas. Acreditamos que temos algo a oferecer a todos, considerando nossa diversificada base de usuários", informou, em nota, o TikTok a **EXAME**.

(Disponível em: https://exame.com/tecnologia/o-que-e-o-tiktok-o-3o-app-mais-baixado-do-mundo/. Acesso em: 15/9/2020.)

12. Segundo o texto, os usuários do aplicativo Tik Tok são de diversas faixas etárias, porém a maior concentração está entre:

a) crianças e adolescentes.

b) adultos e adolescentes.

c) jovens e adolescentes.

d) maiores de 60 anos.

13. O diferencial do Tik Tok está no fato de o usuário:

a) poder gravar tanto vídeos de humor como realizar dublagens.

b) baixar músicas pelo aplicativo.

c) utilizar exclusivamente o aplicativo, tendo de excluir o Facebook e o Instagram.

d) gravar vídeos do Instagram com conteúdos amadores e criativos.

14. A criação do Tik Tok é a prova de que:

a) a tecnologia raramente se aproveita de conhecimentos tecnológicos já existentes.

b) o mercado busca uma tecnologia variada, que não seja apenas americana.

c) o mercado tecnológico no futuro será exclusivamente jovem.

d) a fusão de conhecimentos tecnológicos já existentes pode dar origem a novos produtos.

15. Segundo o texto, o sucesso do Tik Tok se deve:

a) à alta qualidade tecnológica do produto.

b) à possibilidade de as pessoas ouvirem música.

c) ao fato de o aplicativo permitir novas formas de expressão.

d) ao fato de o aplicativo ser gratuito e permitir que o usuário tenha diferentes formas de lazer.

16. Algumas palavras e expressões do texto estão destacadas em vermelho e são *hyperlinks*. A função dos *hyperlinks* é de:

a) comentar aspectos não mencionados no texto central.

b) abrir um atalho para outros textos relacionados ao assunto do texto ou às palavras destacadas.

c) selecionar fatos e ideias que ampliem o conteúdo da notícia.

d) descrever outros documentos relacionados ao assunto.

Capítulo 2

Hora de rir

Bolos, brigadeiros, sanduíches, refrigerantes, bexigas, brincadeiras, corre-corre, bagunça, risadas, música... E, finalmente, o tão esperado "Parabéns pra você...". Quase sempre, tudo dá certo. Mas, às vezes...

Leia o texto a seguir e responda às questões propostas.

David Martins

Pânico

O pai do aniversariante foi abrir a porta. Era outro pai.

— Vim buscar o Edmundo.

— Ah, o Edmundo.

— Acho que a turma chama ele de Bocó.

— O Bocó. Certo. Não quer entrar?

— Obrigado. Espero aqui.

O pai do aniversariante entrou na sala e anunciou:

— Vieram buscar o Bocó!

Só conseguiu ser ouvido na terceira vez, porque a algazarra era grande.

— Bocó! Seu pai está aí.

Ninguém se apresentou.

— Edmundo? Tem algum Edmundo?

Ninguém. O aniversariante não sabia do Bocó. Nem se lembrava de tê-lo visto na festa. Pensando bem, não conhecia nenhum Bocó.

— Como não conhece? Ele está aqui. O pai dele veio buscar.

O pai e a mãe do aniversariante saíram pelo apartamento atrás do Bocó. Bateram na porta do banheiro, ocupado por oito meninas ao mesmo tempo.

O Bocó não estava entre elas. Procuraram pelos quartos. No quarto do aniversariante tinha se instalado uma **dissidência** literária. Um grupo espalhado pelo chão lia as revistas do aniversariante. Nenhum deles era Bocó. Mas um se chamava Edmundo.

— Tem certeza que seu apelido não é Bocó?

— Não. É Palito.

O pai e a mãe do aniversariante se entreolharam. E agora? Não podiam simplesmente dizer ao pai do Bocó que seu filho desaparecera. Decidiram reunir todos os convidados na sala. As meninas foram corridas do banheiro, os quartos foram esvaziados, todos para a sala.

— Quem é que se chama Edmundo? Você não, Palito.

Ninguém, além do Palito, se chamava Edmundo. E Bocó? Tinha algum Bocó no grupo?

Nenhum. Alguém sabia que fim levara o Bocó?

Loreta, uma gordinha de cor-de-rosa, levantou a mão.

— Acho que o pai dele já veio buscar.

— Ai, meu Deus — disse a mãe do aniversariante, baixinho.

— Você viu o Bocó sair com alguém?

— Acho que vi. Com um homem.

— Como era o homem?

— Tinha uma barba preta.

— Ai, meu Deus — repetiu a mãe do aniversariante.

Precisavam dizer alguma coisa para o pai do Bocó. Mas o quê? Oferecer outra criança no lugar do Bocó? O Palito? "Ele é um pouco magro, mas olhe: damos esta gordinha de brinde."

A responsabilidade era deles. Precisavam evitar o escândalo. Precisavam, antes de mais nada, ganhar tempo.

Foram até a porta.

— O senhor tem certeza que não quer entrar?

— Obrigado.

— Não nos leve a mal, mas o senhor pode provar que é o pai do Bocó?

— Provar? Como, provar?

— Hoje em dia, todo cuidado é pouco.

— Mas é só trazer o Bocó aqui. Ele vai me reconhecer.

— Sei não. Criança é muito sugestionável.

— Mas isto é um absurdo! Eu não tenho nenhum documento que diga "Pai do Bocó".

— Uma foto?

— Tenho!

O pai do Bocó produziu uma foto. Ele, a mulher, o Bocó e outra criança, de colo. O pai do aniversariante pegou a foto, disse "Um momentinho" e levou a foto para a sala. A Loreta examinou a foto. Confirmou que fora aquele Bocó que vira sendo levado pelo homem de barba preta. "Ai, meu Deus!", disse a mãe do aniversariante. O pai do aniversariante levou a foto de volta ao pai do Bocó.

— Ele não o reconheceu.

— O quê?!

O pai do Bocó tentou entrar no apartamento, mas foi contido pelo pai do aniversariante.

— Epa. Epa! Aqui o senhor não entra. Aliás, nem sei como entrou no prédio.

— Eu disse ao porteiro que vinha buscar uma criança na festa do 410.

— Vou falar com esse porteiro. Que segurança é essa? Deixam entrar qualquer um. Homem de barba preta...

— Homem de barba preta? — perguntou o pai do Bocó.

— 410? — perguntou o pai do aniversariante, dando-se conta.

— Que homem de barba preta?

— Este não é o 410. É o 510.

— Que homem de barba pre... Este é o 510?

— Você bateu no apartamento errado.

— Aqui não é a festa de aniversário do Piolho?

— Não. É a festa de aniversário do Felipe. Foi por isso que seu filho não o reconheceu!

— Está explicado!

Os dois apertaram-se as mãos e o pai do Bocó foi buscar o filho no apartamento de baixo, aliviado. A história só não acabou bem para a Loreta, que levou tanto safanão que chegou em casa sem o top do vestido.

(Luis Fernando Verissimo. *Novas comédias da vida privada*. Porto Alegre: L&PM, 1996. p. 269-271.)

dissidência: divisão, desavença, conflito.

1 ▪ O texto retrata uma situação comum no cotidiano das famílias. Qual é essa situação?

___

___

___

2 ▪ O pai de Felipe, o aniversariante, atende, na porta de seu apartamento, outro pai, que procurava pelo filho, Edmundo.

a) Pela resposta "— Ah, o Edmundo", deduza: O dono da casa sabia quem era o garoto?

___

___

b) Percebendo a situação, o pai de Edmundo diz: "— Acho que a turma chama ele de Bocó". Levante hipóteses: Por que o pai diz que acha?

3▪ Felipe, o aniversariante, diz ao pai que não sabia do Bocó e nem o conhecia. Diante dessa resposta, o pai e a mãe, preocupados, saem procurando o garoto pelo apartamento.

a) No banheiro, havia oito meninas. Levante hipóteses: O que elas faziam, ao mesmo tempo, no banheiro?

b) No quarto de Felipe, "tinha se instalado uma dissidência literária". Explique essa afirmação do narrador.

Beto Magalhães/EM/D.A Press

4▪ No texto, são citados alguns apelidos de crianças: Bocó, Palito e Piolho.

a) Levante hipóteses: Na sua opinião, por que esses meninos receberam esses apelidos?

b) Você acha certo uma pessoa pôr apelido em outra? Por quê?

QUEM É LUIS FERNANDO VERISSIMO?

O gaúcho Luis Fernando Verissimo é um dos mais importantes cronistas brasileiros da atualidade.

Nascido em 1935, é filho do também escritor Érico Veríssimo.

Iniciou sua carreira como jornalista no jornal *Zero Hora*, de Porto Alegre, onde exerceu várias funções.

Sua primeira obra, *A grande mulher nua*, foi lançada em 1975. Desde então, tem publicado muitas obras de crônicas e contos, romances, literatura infantil, poesia, livros de viagens, além de colaborar em programas de humor da TV.

5. Não encontrando Bocó, os pais de Felipe ficaram com um sério problema para resolver.

a) Que fato piorou ainda mais a situação?

b) Qual é a verdadeira intenção dos pais de Felipe quando pedem uma foto ao pai de Bocó, alegando que precisavam comprovar a paternidade?

c) Por que o pai de Felipe mente, dizendo que Edmundo não havia reconhecido o pai?

6. Releia este trecho do texto:

> "— Vou falar com esse porteiro. Que segurança é essa? Deixam entrar qualquer um. Homem de barba preta...
> — Homem de barba preta? — perguntou o pai do Bocó.
> — 410? — perguntou o pai do aniversariante, dando-se conta.
> — Que homem de barba preta?"

a) Que informação o pai de Felipe não deveria ter mencionado na conversa?

b) Que impressão a imagem de um "homem de barba preta", que supostamente teria levado Bocó, transmitiu para as pessoas que estavam na festa? Por que, na sua opinião, isso aconteceu?

7 ▪ Na discussão entre o pai de Felipe e o pai de Bocó, fica-se sabendo que o último fora procurar o filho no apartamento errado.

a) Quem foi a pessoa responsável pelo mal-entendido?

b) Que consequências essa pessoa sofreu por isso?

8 ▪ O texto lido, "Pânico", é uma crônica. Crônica é uma narrativa ficcional curta, que geralmente conta fatos extraídos da vida cotidiana.

a) O que justifica o título da crônica?

b) Na sua opinião, é possível ocorrer algo semelhante na vida real? Por quê?

c) Existem diferentes tipos de crônica: algumas são sociais, abordando problemas da vida em sociedade; outras são humorísticas, criadas para divertir; outras são existenciais, promovendo uma reflexão sobre a vida. Como você classifica a crônica lida?

d) Você já vivenciou ou presenciou um mal-entendido como o que é assunto da crônica? Se sim, conte para os colegas como foi.

Palavras em contexto

1 Em três situações no texto "Pânico", a mãe do aniversariante diz: "— Ai, meu Deus". Observe no texto cada contexto em que ela diz a frase.

a) O que tinha acabado de acontecer nas três situações?

b) O que essa frase sugere?

2 Observe estes trechos do texto:

> "Precisavam dizer alguma coisa para o pai de Bocó. Mas o quê? Oferecer outra criança no lugar do Bocó? O Palito? 'Ele é um pouco magro, mas olhe: damos esta gordinha de brinde.' A responsabilidade era deles.
>
> — Mas isto é um absurdo! Eu não tenho nenhum documento que diga 'Pai do Bocó'."

a) Nos dois trechos foram empregadas aspas. O que justifica o emprego desse sinal de pontuação em cada uma das situações?

b) Os dois trechos são engraçados por causa do absurdo das situações. Por que as situações são absurdas?

3 Quando o pai de Bocó tenta entrar no apartamento à força, o pai de Felipe diz: "— Epa. Epa!".

a) O que o uso repetido dessa interjeição expressa?

b) Do ponto de vista do sentido, o que o emprego do ponto depois da primeira interjeição e do ponto de exclamação depois da segunda sugere?

Texto e intertexto

Leia o texto a seguir.

"Chatear" e "encher"

Um amigo meu me ensina a diferença entre "chatear" e "encher". Chatear é assim: você telefona para um escritório qualquer da cidade.

— Alô! Quer me chamar por favor o Valdemar?

— Aqui não tem nenhum Valdemar.

Daí a alguns minutos você liga de novo:

— O Valdemar, por obséquio.

— Cavalheiro, aqui não trabalha nenhum Valdemar.

— Mas não é do número tal?

— É, mas aqui nunca teve nenhum Valdemar.

Mais cinco minutos, você liga o mesmo número:

— Por favor, o Valdemar chegou?

— Vê se te manca, palhaço. Já não lhe disse que o diabo desse Valdemar nunca trabalhou aqui?

— Mas ele mesmo me disse que trabalhava aí.

— Não chateia.

Daí a dez minutos, liga de novo.

— Escute uma coisa! O Valdemar não deixou pelo menos um recado?

O outro desta vez esquece a presença da datilógrafa e diz coisas impublicáveis.

Até aqui é chatear. Para encher, espere passar mais dez minutos, faça nova ligação:

— Alô! Quem fala? Quem fala aqui é o Valdemar. Alguém telefonou para mim?

Jean Galvão

(Paulo Mendes Campos. *Para gostar de ler*. São Paulo: Ática, v. 2, p. 35.)

1 Um amigo se dispõe a explicar ao narrador a diferença entre **chatear** e **encher**. Que estratégia ele utiliza para explicar o que é **chatear**?

2 Observe o tom das respostas da pessoa que atende ao telefone.

a) Como é esse tom no início da conversa?

b) Que alteração de tom se verifica ao longo da conversa? Justifique sua resposta com palavras e expressões do texto.

c) Ao final da conversa, a pessoa se mostra chateada? Justifique sua resposta.

d) Deduza: Em que consiste o processo de chatear alguém?

3 Releia este trecho:

> "O outro desta vez esquece a presença da datilógrafa e diz coisas impublicáveis."

a) Levante hipóteses: Por que as coisas ditas seriam "impublicáveis"?

b) Onde essas coisas não poderiam ser publicadas?

4 No final do texto, o narrador explica o que é **encher** com mais um exemplo.

a) Qual é esse exemplo?

b) Compare e conclua: Qual é a diferença entre **chatear** e **encher**?

5 Observe estes diálogos:

> "— O Valdemar, por obséquio.
> — Cavalheiro, aqui não trabalha nenhum Valdemar.
> — Mas não é do número tal?
> — É, mas aqui nunca teve nenhum Valdemar."

a) Os diálogos foram escritos em discurso direto ou em discurso indireto?

b) Qual é o efeito de sentido que esse tipo de discurso atribui ao texto?

c) O que sugere o emprego de termos como **cavalheiro** e **nenhum**?

6 O texto é uma crônica curta.

a) A que outro gênero textual ele se assemelha?

b) Que elementos a crônica tem em comum com esse gênero?

7 Compare a crônica de Paulo Mendes Campos à crônica de Luis Fernando Verissimo, que você estudou no início deste capítulo. Em que aspectos os textos se assemelham?

Exercícios

Leia o texto a seguir e responda às questões 1 a 3.

(Nik. *Gaturro*. Cotia-SP: Vergara & Riba, 2008. v. 1, p. 6.)

1 • Ágata e Gaturro brincam com:

a) palavras de sentidos idênticos e que se completam.

b) palavras de sentidos opostos, mas que se completam.

c) palavras de sentidos opostos e que se repelem.

d) palavras de duplo sentido.

2 • O emprego do diminutivo **bobinha** produz um sentido:

a) carinhoso.

b) depreciativo.

c) indicativo de "tamanho pequeno".

d) pejorativo.

3 • No contexto, a frase ou o provérbio adequado para ilustrar a situação é:

a) Pau pau, pedra pedra.

b) Em terra de cego, quem tem um olho é rei.

c) Água mole em pedra dura tanto bate até que fura.

d) Os opostos se atraem.

Leia a tira a seguir e responda às questões 4 e 5.

© Fernando Gonsales/Acervo do cartunista

4. Na tira, foi empregada a onomatopeia **tic tic**. Onomatopeia é uma figura de linguagem que consiste no emprego de palavras que reproduzem sons. Assinale a afirmativa correta a respeito da relação entre a onomatopeia **tic tic** e o humor da tira.

a) Associada às galinhas e à fala do rato, a onomatopeia cria uma falsa expectativa, que é quebrada no último quadrinho, com a descoberta da verdadeira origem do som.

b) A onomatopeia reproduz o som de relógios e sugere que chegou a hora do almoço.

c) O humor da tira resulta da confirmação da expectativa criada com o emprego da onomatopeia no 1º quadrinho.

d) O humor da tira resulta da confirmação da expectativa criada com o emprego, no 1º quadrinho, de uma onomatopeia que costumeiramente reproduz o som do corte de unhas.

5. Na tira de Fernando Gonsales, a linguagem não verbal:

a) ilustra a linguagem verbal, mas não constrói sentidos.

b) complementa a linguagem verbal, construindo sentidos.

c) destoa da linguagem verbal, não construindo sentidos.

d) comprova a linguagem verbal, mas não constrói sentidos.

Leia a fábula a seguir e responda às questões 6 a 8.

A raposa e as uvas

Uma raposa faminta entrou num terreno onde havia uma parreira, cheia de uvas maduras, cujos cachos se penduravam, muito alto, em cima de sua cabeça. A raposa não podia resistir à tentação de chupar aquelas uvas, mas, por mais que pulasse, não conseguia abocanhá-las.

Cansada de pular, olhou mais uma vez para os apetitosos cachos e disse:

— Estão verdes...

"É fácil desdenhar daquilo que não se alcança."

(Esopo. *Fábulas de Esopo*. Tradução de Guilherme Figueiredo. Rio de Janeiro: Edições de Ouro, s.d.)

David Martins

6• Na fábula, a raposa, com fome, vê "uma parreira, cheia de uvas maduras". Se as uvas estavam maduras, por que, então, a raposa diz que elas estavam verdes?

a) Porque não as alcançava.
b) Porque não eram apetitosas.
c) Porque se enganou.
d) Porque estava cansada.

7• Ao longo da história, a raposa muda de opinião a respeito das uvas. O narrador, entretanto, mantém uma posição favorável sobre a qualidade das uvas, conforme mostra o emprego de palavras como:

a) faminta, maduras, cansada.
b) parreira, abocanhá-las, apetitosos.
c) maduras, tentação, apetitosos.
d) maduras, cansada, desdenhar.

8• As fábulas sempre terminam com uma moral da história, isto é, com um ensinamento. Qual dos provérbios abaixo traduz melhor a moral da história de Esopo?

a) Quem não tem, despreza o que deseja.
b) A mentira tem pernas curtas.
c) Quem não tem o que deseja, sente inveja dos outros.
d) Quem espera, sempre alcança.

Leia o cartum a seguir, de Caulos, e responda às questões 9 a 12.

© Caulos/Acervo do cartunista

(*Só dói quando eu respiro*. Porto Alegre: L&PM, 2001. p. 50.)

9• O cartum sugere as etapas da vida de uma pessoa, fazendo uso de:

a) sinais de pontuação.
b) sinais da matemática.
c) sinais da escrita.
d) sinais de trânsito.

10• De acordo com o texto, a vida de uma pessoa é composta de cinco fases, que podem ser organizadas na sequência:

a) fase dos questionamentos, fase da união ou sociedade, fase das convicções, fase do acúmulo de bens e fase da morte.
b) fase dos questionamentos, fase das convicções, fase da união ou sociedade, fase do acúmulo de bens e fase da morte.
c) fase das convicções, fase dos questionamentos, fase da união ou sociedade, fase do acúmulo de bens e fase da morte.
d) fase das convicções, fase da união ou sociedade, fase dos questionamentos, fase do acúmulo de bens e fase da morte.

11. Na terceira cena do cartum, o balão de fala apresenta o símbolo **&**, frequentemente usado na designação de nomes de empresas e sociedades. Esse emprego sugere:

a) os interesses econômicos que estão por trás de alguns casamentos.

b) o interesse por negócios, que é comum em certa fase da vida do ser humano.

c) uma crítica aos interesses puramente comerciais de algumas empresas.

d) uma forte união, baseada em sentimentos.

12. Em "Uma biografia", título do cartum, o emprego do artigo **uma**:

a) particulariza a vida do ser humano, considerando-o único.

b) particulariza um ser humano, ou seja, considera determinada pessoa a única que pode ter uma biografia como a que é mostrada.

c) generaliza a biografia que é mostrada, ou seja, ela pode ser a biografia de qualquer pessoa.

d) nega a possibilidade de haver mais de uma pessoa com biografia semelhante à que é mostrada.

Leia o texto.

Rede varejista de legumes lança site parodiando Netflix

No catálogo paródias de filmes e séries usando legumes nos títulos

Uma rede de varejo que vende legumes, frutas, verduras e hortaliças criou uma campanha publicitária divertida. Inspirada no Netflix, serviço de streaming por assinatura com filmes e séries, a loja lançou o Hórtflix.

No catálogo, os vegetais viraram estrelas de paródias dos cartazes de filmes e séries populares. Kiwi Bill, 2 Milhos de Francisco e O Quiabo Veste Prada são alguns dos exemplos.

Para acompanhar os lançamentos, basta acessar o **site do Hórtflix**. Além disso, a rede varejista recebe sugestões de novos filmes para enriquecer o catálogo. Para quem é fã de verdade, o site ainda permite o download dos cartazes.

(Disponível em: https://www.correio24horas.com.br/noticia/nid/rede-varejista-de-legumes-lanca-site-parodiando-netflix/. Acesso em: 15/9/2020.)

Agora, responda às questões 13 a 15.

13 • A criatividade da campanha publicitária da rede varejista reside em:

a) trabalhar com frutas e legumes.

b) parodiar nomes de filmes conhecidos.

c) oferecer *downloads* dos filmes como meio de estimular as vendas.

d) usar legumes e verduras na campanha publicitária.

14 • A intenção da campanha publicitária é:

a) chamar a atenção do consumidor, de forma humorística, para os seus produtos.

b) mencionar filmes que valorizam a alimentação com base em legumes e verduras.

c) divulgar uma parceria feita entre uma rede de alimentos e uma plataforma de filmes (Netflix).

d) disputar popularidade e audiência com a Netflix.

15 • ***Hyperlink*** é uma palavra, expressão ou frase que, quando clicados, remetem a outra página relacionada. No texto há um *hyperlink*:

a) no *site* do Hórtflix.

b) no *download* dos cartazes.

c) na expressão "*site* do Hórtflix".

d) no catálogo dos vegetais.

Leia o texto a seguir e responda às questões 16 a 18.

A primeira coisa que eu faço com meu celular que acabei de comprar

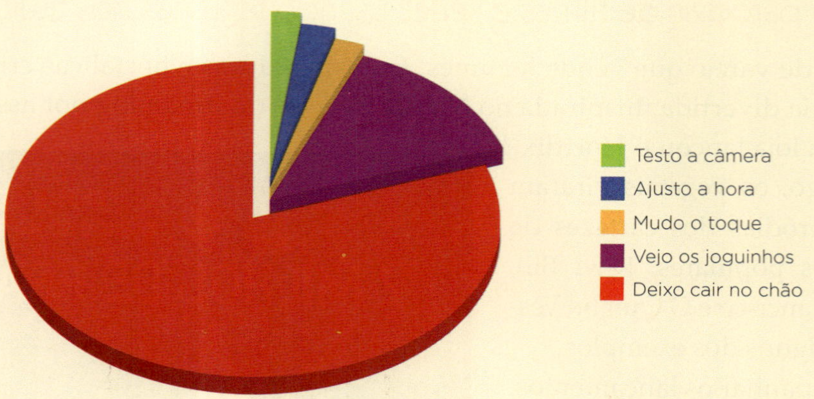

(Disponível em: http://osengracadosdanet.blogspot.com/2012/08/graficos-engracados.html. Acesso em: 15/9/2020.)

16 • O gráfico é divertido, entre outras razões, porque dá a entender que:

a) em vez de configurar o aparelho, os compradores se preocupam com coisas menos importantes.

b) em vez de usá-lo para telefonar, os compradores só se interessam por outros atrativos do aparelho.

c) os compradores não têm critérios muito claros para comprar um celular.

d) indiretamente faz uma crítica ao consumismo digital.

17· O humor do gráfico também reside no fato de o comprador do celular:

a) não saber configurar o aparelho novo.

b) mudar toda a configuração e personalizá-lo.

c) quebrar o aparelho antes de usá-lo.

d) gostar de jogos *on-line*.

18· O humor do gráfico também resulta:

a) do retrato da inabilidade das pessoas para configurar seus aparelhos eletrônicos.

b) do contraste entre o que se diz, que é engraçado, com o formato de um gráfico, que é aparentemente científico e sério.

c) do fato de que nem todas as pessoas reagem da mesma forma quando compram um aparelho novo.

d) de um fato real, pois a maioria das pessoas deixa o celular cair quando compra um aparelho.

Leia este texto:

humor *(sXIII cf. FichIVPM) ortoépia: ô*

princ. | loc. | etim.

substantivo masculino

1 HIST.MED líquido secretado pelo corpo e que era tido como determinante das condições físicas e mentais do indivíduo [Na Antiguidade clássica contavam-se quatro humores: sangue, bile amarela, fleuma ou pituíta e bile negra ou atrabílis.]

2 *p.ext.*; ANAT designação comum a substâncias líquidas existentes no corpo

3 MED estado afetivo durável que depende da constituição psicofisiológica do organismo como um todo, construindo o pano de fundo sobre o qual diferentes conteúdos psíquicos tomam uma tonalidade afetiva, p.ex., de irritabilidade, impassibilidade, tristeza etc., que ultrapassa sua ação imediata

4 *(a1576)* água, umidade, vapor, nevoeiro *<porque tem a terra muitos arvoredos, chama a si todos esses h.>*

5 *(1665) p.ext.* estado de espírito ou de ânimo; disposição, temperamento *<a realização do passeio vai depender do h. do seu pai> <anda com um péssimo h.>*

6 *p.ext.* comicidade em geral; graça, jocosidade

7 expressão irônica e elaborada da realidade; espírito *<o h. catártico da chanchada>*

8 *p.met.* faculdade de perceber ou expressar tal comicidade *<h. histriônico>*

sinônimos

ver sinonímia de *índole*

(Disponível em: https://houaiss.uol.com.br/corporativo/apps/uol_www/v5-4/html/index.php#1. Acesso em: 15/9/2020.)

19· De acordo com as características do texto, podemos inferir que se trata de:

a) um comentário a respeito de um vocábulo.

b) um verbete de dicionário.

c) um artigo de opinião sobre o que é humor.

d) uma sinopse sobre o tema humor.

20· O texto tem como finalidade:

a) apontar os sentidos de uma palavra e ilustrar seu emprego em diferentes contextos.

b) explicar cientificamente o que é o humor e como ele se manifesta.

c) mostrar como a palavra pode ser compreendida de diversas formas, dependendo de quem fala.

d) analisar um conceito e discutir seu uso social.

Capítulo 3

Bom é ter saúde!

Como é bom ter saúde para passear, ir à escola e encontrar amigos, aprender coisas novas... Depois voltar para casa e comer uma comida gostosa, preparada com carinho... Depois passar a tarde brincando, estudando ou fazendo amigos pela internet... Puxa, como é bom viver!

Leia o poema a seguir, de Mário Quintana, e responda às questões propostas.

Canção de um operário triste

Na minha rua tinha um menininho doente.
Enquanto os outros partem para a escola,
Junto à janela, sonhadoramente,
Ele ouve o sapateiro bater sola.

Ouve também o carpinteiro, em frente,
Que uma canção napolitana **engrola**.
E pouco a pouco, gradativamente,
O sofrimento que ele tem se **evola**...

Mas nesta rua há um operário triste:
Não canta nada na manhã sonora
E o menino nem sonha que ele existe.

Ele trabalha silenciosamente...
E está compondo este soneto agora,
Pra alminha boa do menino doente...

(*Canções seguido de Sapato florido e A rua dos cataventos.* Rio de Janeiro: Alfaguara, 2012. p. 194.)

Jean Galvão

engrolar: pronunciar as palavras de maneira imperfeita; deixar malcozido; mastigar de maneira rápida.

evolar: desaparecer por evaporação; dissipar-se; elevar-se.

1 ▪ O poema retrata uma cena cotidiana, que ocorre em uma rua de uma pequena cidade.

a) Quais são os personagens citados no poema?

b) Entre os personagens citados, um tem um problema. Qual é ele? Que problema ele tem?

Arquivo do jornal O Estado de S. Paulo/Agência Estado

QUEM É MÁRIO QUINTANA?

Mário Quintana (1906-1994) nasceu em Alegrete (RS). Foi poeta, tradutor, escritor de obras destinadas ao público infantil e durante quase toda a sua vida trabalhou em jornais. É autor, entre outras obras, de *O aprendiz de feiticeiro*, *Nariz de vidro* e *Lili inventa o mundo*.

2 ▪ O menino, apesar de doente, acompanha os movimentos da rua.

a) De que forma ele percebe esses movimentos? Justifique a sua resposta com trechos do poema.

b) O menino fica "Junto à janela, sonhadoramente". Levante hipóteses e explique por que ele tem essa postura sonhadora.

3 ▪ Na rua, além de um sapateiro e de um carpinteiro, há um "operário triste".

a) Quem é o "operário triste"? Qual é o seu trabalho?

b) O eu lírico do poema e o "operário triste" são a mesma pessoa? Justifique sua resposta com elementos do texto.

c) Por que o menino doente nem sonha que o "operário triste" existe?

d) Que sentimento o eu lírico tem em relação ao menininho doente?

4. Releia a segunda estrofe do poema.

a) Como o menino se sente? Justifique sua resposta com um verso do poema.

b) O que há em comum entre o menino e o eu lírico? Justifique sua resposta.

c) O que ameniza o sentimento do menino?

d) Levante hipóteses: O que também pode amenizar o sentimento do poeta?

5. Observe a parte formal do poema e responda:

a) Quantas estrofes ele apresenta?

b) Quantos versos há em cada estrofe?

c) Como ocorre a sequência das rimas no poema?

d) Leia o boxe "O que é um soneto?" e conclua: O poema lido é um soneto? Justifique sua resposta.

O QUE É UM SONETO?

Soneto (em italiano, "pequena canção") é um tipo de composição poética criada por escritores italianos na Idade Média e que se popularizou a partir do século XIV, com a poesia de Petrarca e de Dante Alighieri.

É formado por catorze versos, dispostos em quatro estrofes: as duas primeiras com quatro versos cada uma, e as duas últimas com três versos cada uma.

Retrato de Dante Alighieri, de Attilio Roncaldier.

6. Considerando a estrutura e a musicalidade do poema lido, e apesar de seu conteúdo estar relacionado à doença de uma criança, identifique quais das seguintes características ele apresenta:

I. sonoridade
II. leveza
III. singeleza
IV. harmonia

a) I, somente. b) I e II. c) I, II e III. d) I, II, III e IV.

7. Todo gênero textual tem uma finalidade comunicativa. Com base no poema lido, levante hipóteses: Qual é a finalidade de um poema?

8. Você já viveu a situação de estar doente e não poder sair de casa? Se sim, como se sentiu? Conte para os colegas.

Palavras em contexto

1 No soneto, por duas vezes o eu lírico se refere ao menino doente com palavras no diminutivo: **menininho** e **alminha**. Que sentimento do eu lírico em relação ao menino esse recurso sugere?

2 Nos versos:

> "E pouco a pouco, gradativamente,
> O sofrimento que ele tem se evola..."

a locução adverbial **pouco a pouco** e o advérbio **gradativamente** têm sentidos aproximados. Por isso, o poeta poderia, se quisesse, empregar apenas uma das duas expressões.

Levante hipóteses: Que efeito de sentido o emprego das duas expressões provoca?

Texto e intertexto

Leia este texto:

(Disponível em: http://autossustentavel.com/2017/06/transtornos-alimentares-anorexia-bulimia.html. Acesso em: 17/9/2020.)

1 A respeito do cartaz lido, responda:

a) Qual é o seu tema central?

b) Qual é a finalidade principal do cartaz?

c) Quais são as características do comportamento de uma pessoa que tem esse problema de saúde?

2 Explique os dois tipos de bulimia.

a) purgativa:

b) não purgativa:

3 Considerando as causas e as consequências da doença, responda:

a) Quais são as causas da bulimia?

b) Quais são as consequências para a pessoa que sofre de bulimia?

4 Segundo o texto, a bulimia atinge tanto o homem quanto a mulher a partir dos 20 anos. Levante hipóteses:

a) Por que a doença se manifesta, em média, a partir dessa idade?

b) Por que a doença atinge mais a mulher?

5 Observe a linguagem não verbal do cartaz.

a) O que sugerem a postura corporal e a expressão facial da menina sentada no chão entre um pedaço de *pizza* e um sanduíche?

b) Qual é a função das imagens que acompanham os itens "Causas" e "Condutas compensatórias"?

6 Releia esta parte do cartaz:

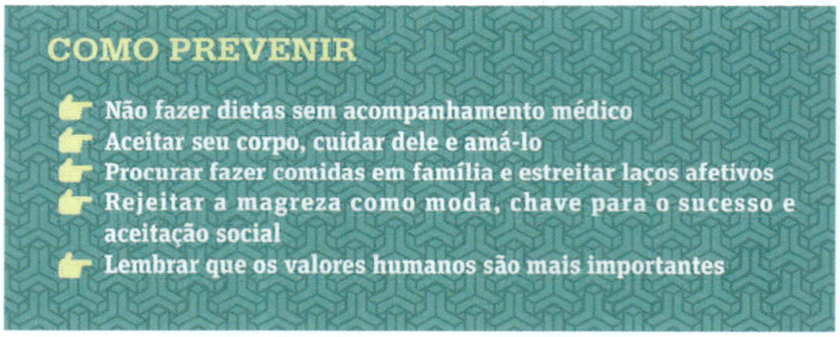

Reprodução/ntmx

Discuta com os colegas e o professor:

a) Qual é a importância de cada uma dessas indicações?

b) Que outras medidas poderiam ser incluídas nesse quadro de prevenção?

7 Compare o texto "Canção de um operário triste" ao cartaz sobre bulimia.

a) O que há em comum entre eles?

b) Quais são as diferenças entre os textos?

Exercícios

Leia o texto a seguir e responda às questões 1 a 3.

Ziraldo/INCA/Ministério da Saúde

1. O texto faz parte de uma campanha promovida pelo governo federal. A finalidade da campanha é:
   a) orientar o leitor sobre o melhor horário para tomar sol.
   b) informar, por meio do desenho, que o Sol é o nosso melhor amigo.
   c) criticar as pessoas que tomam sol.
   d) alertar as pessoas para que não tomem sol.

2. A imagem central do texto sugere:
   a) que o Sol é amigo e não faz mal à saúde.
   b) que o Sol está feliz porque tem muitos amigos.
   c) que o Sol só faz bem quando a exposição a ele é feita em certos horários.
   d) humor, pois o Sol aparece de bigode, rindo.

3. Pela imagem de Sol-relógio, criada por Ziraldo, infere-se que:
   a) antes das 10 horas e depois das 16, o Sol é prejudicial à saúde.
   b) antes das 10 horas e depois das 16, o Sol faz bem à saúde.
   c) entre 10 horas e 16 horas é o melhor período para tomar sol.
   d) não há restrição de horários para tomar sol, pois ele é o melhor amigo do homem.

Leia a tira a seguir e responda às questões 4 e 5.

Laerte/Acervo da cartunista

4· Pode-se inferir que a tira faz uma crítica:

a) à qualidade dos serviços do pronto-atendimento médico.

b) à demora de atendimento médico.

c) à exigência dos consumidores de convênios médicos.

d) ao mau atendimento dos funcionários de hospitais e postos médicos.

5· O humor e a crítica da tira estão:

a) no fato de o homem estar doente.

b) no fato de a consulta ser marcada para dali a três meses.

c) no descaso com que a população é atendida nas instituições de saúde.

d) na previsão de que o homem estará curado em três meses

Leia o texto a seguir e responda às questões 6 a 9.

Bicicleta dobrável sem correia transforma pedaladas em energia

Enquanto cada vez mais pessoas passam horas presas em seus automóveis no trânsito das cidades, a **bicicleta** finalmente cresce e aparece como **meio de transporte alternativo** viável, agradável e que pode nos ajudar a viver melhor, em **cidades despoluídas**.

Essa magrela da foto parece de brinquedo, mas não é! E certamente vai fazer com que muita gente queira dar uma volta nela! Isso porque é a primeira bicicleta dobrável, sem correias e elétrica do mundo. Legal, né?

Desenvolvida em colaboração com o designer britânico **Mark Sanders**, o holandês especialista em bikes elétricas **Han Goes**, uma fornecedora de automotivos e uma distribuidora de serviços sul-coreanas, a **Footloose** — como foi batizada — pode andar quase 30 km só com o motor e ainda mais longe se você der uma forcinha pedalando. A bateria se recarrega conforme você pedala ou freia.

Ao transformar diretamente eletricidade via alternador conectado à manivela da bike, a **energia é gerada pelas pedaladas**, e é armazenada em uma bateria de íons de lítio, que é usada para ativar o motor. E mais: a troca de marcha é automática! A magrela tem sensores que monitoram o terreno e ajustam a energia do motor quando necessário.

[...]

(Disponível em: https://super.abril.com.br/blog/planeta/bicicleta-dobravel-sem-correia-transforma-pedaladas-em-energia/. Acesso em: 16/9/2020.)

6▪ A informação principal do texto é:

a) A bicicleta Footloose dispõe de energia gerada por pedaladas.

b) A bicicleta Footloose é um meio de transporte alternativo para as grandes cidades.

c) A bicicleta Footloose tem sensores que monitoram o terreno e ajustam a energia do motor quando necessário.

d) A bicicleta Footloose foi desenvolvida pelo *designer* britânico Mark Sanders.

7▪ De acordo com o texto, quais são os benefícios do uso da Footloose para as pessoas?

a) Diminuir o tempo gasto no trânsito e a poluição nas cidades e, consequentemente, melhorar a qualidade de vida.

b) Consistir em um meio de transporte alternativo e poluir menos as pequenas cidades.

c) Consistir em uma bicicleta importada com muitos recursos tecnológicos e possibilitar melhora da qualidade de vida.

d) Possibilitar a realização de exercícios físicos diários e o desfrute da tecnologia sul-coreana.

8▪ A linguagem do texto é:

a) formal, pois dirige-se a um leitor adulto.

b) informal, pois dirige-se a um leitor jovem.

c) regional, pois dirige-se a um leitor de certa região do país.

d) informal, pois dirige-se ao leitor que é ciclista.

9▪ A finalidade do texto é:

a) contar a história da bicicleta.

b) informar sobre um novo tipo de bicicleta.

c) descrever como funcionam as bicicletas sul-coreanas.

d) motivar as pessoas a usar bicicleta em vez de carro como meio de transporte no dia a dia.

Leia o texto a seguir e responda às questões 10 a 12.

Obesidade contagiosa

AN Images Design/Shutterstock

Quando o assunto é epidemia, costuma-se associar a noção com a de doenças infecciosas, como a gripe. Portanto, era mais em sentido figurado que se falava em "epidemia de obesidade" em países como os Estados Unidos e o Brasil — até agora, porque descobertas recentes vêm emprestar um sentido mais literal à expressão.

O que aos poucos se revela é que esses germes parecem desempenhar algum papel no ganho anormal de peso por humanos. Pode ser o início de uma revolução no tratamento do problema, como se deu no caso da vinculação da bactéria *Helicobacter pylori* com o câncer de estômago, ou do vírus HPV com os tumores de colo de útero.

Um ser humano normal abriga cerca de 100 trilhões de bactérias (dez vezes mais que as células de seu próprio corpo). A maioria delas é inócua, ou mesmo benéfica, como centenas de tipos que colonizam o trato intestinal, onde atuam como auxiliares da digestão.

Ganha aceitação entre pesquisadores a hipótese de que tais microrganismos componham o análogo de um ecossistema. Em equilíbrio, a comunidade microbiana obtém nutrientes e ajuda o corpo a processar certos alimentos. Em desequilíbrio, pode desencadear patologias — como a obesidade.

A ideia foi reforçada quando se descobriu, anos atrás, que cada pessoa hospeda um tipo específico de flora intestinal, dos três até então identificados. Ou seja, uma combinação característica de bactérias (assim como a circulação de certas substâncias em suas veias e artérias a fez pertencer a determinado tipo sanguíneo).

A hipótese seguinte foi que uma das combinações tornaria portadores mais propensos a engordar. Partindo dela, um grupo de pesquisadores da Universidade Jiao Tong, de Xangai (China), se lançou na busca dos germes que seriam responsáveis pelo "ecossistema interior" propício à obesidade.

A equipe encontrou uma forte candidata: a cepa B2 da *Enterobacter cloacae*, cuja associação com a adiposidade se esteia em duas ordens de evidências, em seres humanos e também em roedores.

Primeiro, os cientistas chineses submeteram um obeso a dieta projetada para diminuir a população da bactéria suspeita em seu trato intestinal. O homem emagreceu 51,4 kg em 23 semanas, e o germe se tornou indetectável depois disso.

Em seguida, inocularam a bactéria num grupo de camundongos alimentados com a mesma dieta do grupo de controle. Os roedores infectados engordaram muito mais.

Não é uma prova definitiva, mas promissora. E revolucionária.

(Disponível em: www1.folha.uol.com.br/fsp/opiniao/93272-obesidade-contagiosa.shtml. Acesso em: 18/9/2020.)

10. Assinale a alternativa em que aparece a ideia principal do texto.

a) "Quando o assunto é epidemia, costuma-se associar a noção com a de doenças infecciosas, como a gripe."

b) "esses germes parecem desempenhar algum papel no ganho anormal de peso por humanos"

c) "Pode ser o início de uma revolução no tratamento do problema, como se deu no caso da vinculação da bactéria *Helicobacter pylori* com o câncer de estômago ou do vírus HPV com os tumores de colo de útero."

d) "Ganha aceitação entre pesquisadores a hipótese de que tais microrganismos componham o análogo de um ecossistema."

11. De acordo com o texto:

a) está comprovado que a obesidade tem relação com as bactérias que atuam no intestino do ser humano.

b) a obesidade pode estar relacionada com um eventual desequilíbrio no ecossistema formado por cerca de 100 trilhões de bactérias que existem no corpo de cada ser humano.

c) está comprovado que a obesidade tem relação com a bactéria B2 da *Enterobacter cloacae*; assim, havendo a eliminação da bactéria, a pessoa emagrece.

d) o meio mais eficaz de combater a obesidade é eliminar os 100 trilhões de bactérias que vivem em nosso corpo.

12. O título "Obesidade contagiosa" apresenta ambiguidade, porém, depois da leitura do texto, fica claro seu sentido:

a) A obesidade é epidêmica, pois está relacionada a bactérias; logo, pode haver uma propagação das bactérias e da obesidade.

b) Somente em casos muito raros uma pessoa obesa pode contaminar uma pessoa magra.

c) A combinação de algumas bactérias específicas pode "contagiar" o ser humano, tornando-o mais propenso a engordar.

d) O contágio da obesidade só ocorre em laboratórios e por meio do contato direto de uma pessoa com a bactéria *Enterobacter cloacae*.

Leia este texto e responda às questões 13 a 16.

O que é fadiga muscular?

É a sensação de cansaço, fraqueza, dor ou queda de desempenho quando o músculo é submetido a um esforço maior que sua capacidade (ou não tem tempo suficiente para se recuperar). Apesar de ser mais frequente em atletas, pode afetar qualquer um que faz exercícios. "Se for negligenciada, pode prejudicar as articulações e sobrecarregar outros segmentos do corpo", diz o fisioterapeuta Maurício Garcia, do Centro de Traumatologia do Esporte da Unifesp.

É que eu quero evitar...

Dicas para driblar o problema — ou tratá-lo

Cheque a previsão do tempo

"Nosso corpo tem maior dificuldade de se adaptar ao frio do que ao calor", diz Gilberto Bang, fisiatra do Hospital Israelita Albert Einstein. Em dias frios, o esforço pode parecer maior. Nos quentes, há risco de desidratação, o que leva à queda de energia. E jamais faça atividades pesadas sem se alimentar: o jejum causa hipoglicemia (baixa de glicose no sangue) e favorece a fadiga

Vá com calma

Quer ficar sarado ou emagrecer? Não adianta exagerar. A sobrecarga de exercícios causa microlesões nos músculos e diminui a circulação sanguínea, causando dor e contratura. Treinos intensos ou longos em dias consecutivos podem alterar o controle neuromotor, limitando força, velocidade e coordenação motora e aumentando os erros de execução de movimentos

Respeite o professor

Um treino personalizado, com acompanhamento de um professor de educação física, diminui o risco. "A fadiga muscular pode ser evitada por meio de um bom condicionamento físico, do trabalho correto da força muscular, de um bom alongamento da musculatura esquelética, além, é claro, do respeito ao tempo adequado de descanso", diz Maurício Garcia

Esfrie a cabeça!

Se, mesmo com o treino personalizado, você ainda exagerou, vale fazer uma massagem após a malhação. Ela aumenta a circulação e ajuda a relaxar ou estimular os músculos. Aplicar gelo também é uma boa. Mas evite regiões sensíveis, como as extremidades das mãos e dos pés, ou com grandes nervos superficiais, como no joelho, perto da cabeça do osso da fíbula

(Disponível em: http://mundoestranho.abril.com.br/materia/o-que-e-fadiga-muscular. Acesso em: 18/9/2020.)

Lestertair/Shutterstock

13. O texto tem como finalidade:

a) advertir sobre os perigos de praticar exercícios físicos.

b) explicar como evitar a fadiga muscular e suas consequências.

c) explicar o que é a fadiga muscular em atletas.

d) explicar por que não devemos fazer exercícios físicos, seja no calor, seja no frio.

14. De acordo com o texto, o exercício físico:

a) não é aconselhável, pois causa lesões musculares.

b) é aconselhável, desde que feito nos dias quentes, para não causar danos musculares.

c) é aconselhável, desde que feito de maneira correta e com a orientação de um especialista.

d) é aconselhável, desde que seguido de massagens e compressas nas articulações.

15. As dicas de como evitar a fadiga muscular se destinam:

a) principalmente às crianças que ainda não têm as articulações devidamente desenvolvidas para a prática esportiva.

b) principalmente aos idosos que têm articulações comprometidas.

c) às pessoas que não possuem condicionamento para praticar esportes.

d) a todas as pessoas que gostam de praticar algum esporte, independentemente da idade.

16. O texto "O que é fadiga muscular?" é baseado em:

a) opiniões de atletas e pessoas em geral que tiveram lesões graves com exercícios.

b) conhecimentos da Medicina sobre a relação entre saúde e exercícios.

c) opiniões de pessoas que não praticam exercícios físicos de forma regular.

d) fatos que ocorrem com pessoas com mais idade.

Capítulo 4

Cidadão consciente

Consumidores enganados, animais maltratados, direitos básicos desrespeitados, indiferença social, consumo frenético, competição social... Para onde caminha a humanidade? Que valores estamos construindo?

Leia este texto:

Não somos civilizados com os animais

A maior parte dos animais deste país está jogada feito lixo pelas ruas, levando pontapés e revirando restos podres para se alimentar

João Francisco Motta Fierro

Não estamos sozinhos no mundo, mas parece que nos esquecemos disso. Temos atitudes que beiram a incivilidade, sobretudo no tratamento dispensado aos animais.

Esqueçam as amenidades que lemos nas "seções Pet". A maior parte dos animais deste país está jogada feito lixo pelas ruas: levando pontapés, revirando restos podres, morrendo de doenças e verminoses, quando não envenenada.

ONGs brasileiras sérias lutam para difundir conhecimento técnico de qualidade no país. Mas, não raro, seus projetos são bancados pela dilapidação do patrimônio pessoal dos seus diretores, heróis anônimos. Faltam verbas modestas que permitiriam dar continuidade a trabalhos importantes, mas não falta dinheiro para a corrupção.

LightField Studios/Shutterstock

O caso da leishmaniose, por exemplo, é **emblemático**. O Brasil segue o mesmo **protocolo** do século passado para lidar com a doença. É o único país que mata os cães infectados (e que não transmitem a doença) em vez de tratá-los. Mesmo assim, a doença avança em ritmo acelerado.

Capítulo 4

Políticos se apossam da causa animal como mote de campanha, e uma vez eleitos, quase sempre dão um show — de despreparo!

Nossos veterinários são tratados como uma classe médica inferior — não recebem o pagamento nem o respeito que merecem.

As empresas do país são medíocres: investem em tolas ações de marketing e não enxergam quanto valor poderiam agregar com ações de responsabilidade social e ambiental em benefício dos animais.

Uma pesquisa realizada pelos institutos Akatu e Ethos revela que, para 87% dos consumidores ouvidos, é importante ou muito importante na decisão de compra que, "durante a produção, animais não tenham sido maltratados". Mesmo assim, a cadeia da proteína animal só agora está dando os primeiros passos para promover a criação, o transporte e o abate de forma humanitária.

O serviço de transporte de pets das grandes empresas aéreas é de má qualidade, deixando quem viaja com seu animal de estimação sempre angustiado. Agências de publicidade movimentam fortunas com peças que exploram a graça e a beleza de animais fofinhos. E o que os anunciantes e suas agências fazem realmente pela causa? Nada!

[...]

Educar nossa sociedade é fundamental. Nos últimos 20 anos, recebemos em sala de aula informações importantes sobre o meio ambiente, mas nossas escolas nem mencionam a questão animal. [...]

Investir no respeito aos bichos seria um bom passo rumo à melhoria da nossa civilidade. Estamos vivendo uma "normose social", não nos sensibilizamos mais com atrocidades, tudo parece normal. Precisamos urgentemente nos tornar mais **compassivos** e amorosos.

JOÃO FRANCISCO MOTTA FIERRO, 51, terapeuta, é vice-presidente da Arca Brasil, organização não governamental com sede em São Paulo que defende o bem-estar animal.

(Disponível em: http://feeds.folha.uol.com.br/fsp/opiniao/203007-nao-somos-civilizados-com-os-animais.shtml. Acesso em: 7/9/2020.)

compassivo: aquele que se compadece ou revela compaixão.

emblemático: simbólico.

protocolo: conjunto de normas rígidas; etiqueta; formalidade.

1 ▪ O texto lido é um artigo de opinião, gênero textual em que o autor defende um ponto de vista sobre um tema.

a) Qual é o tema central do texto?

____

____

b) Qual é o ponto de vista que o autor defende sobre esse tema? Justifique sua resposta com um trecho do texto.

____

____

____

____

2. No 2º parágrafo, o autor afirma:

> "Esqueçam as amenidades que lemos nas 'seções Pet'."

Merbe/E+/Getty Images

a) O que são as amenidades a que ele se refere? Dê exemplos.

b) De acordo com o texto, qual é a situação de saúde da maioria dos animais brasileiros?

3. Para fundamentar seu ponto de vista, o autor apresenta como argumento alguns exemplos de como fracassam as iniciativas em favor dos animais.

a) Que problema as ONGs (organizações não governamentais) enfrentam para difundir pelo país conhecimento a respeito dos animais?

b) De que modo os políticos agem em relação aos animais?

c) Que dificuldades os veterinários encontram em sua profissão?

d) Como as empresas e as agências de publicidade relacionadas com produtos da linha *pet* atuam?

e) Qual é a qualidade dos serviços prestados pelas empresas aéreas no transporte de animais?

4. Segundo o autor, o caso da leishmaniose mostra claramente como o Brasil trata os animais.

a) O que geralmente ocorre com os cães que contraem a doença no Brasil?

b) Por que essa solução é absurda e uma vergonha para o país?

O QUE É LEISHMANIOSE?

É uma doença infecciosa que afeta seres humanos e cães, transmitida pelo mosquito-palha. Causa feridas no local da picada e, na ausência de tratamento, pode atingir o sistema imunológico da vítima e levá-la à morte. Depois da malária, é a segunda doença parasitária que mais mata no mundo.

WSPA/Sociedade Mundial de Proteção Animal

5. No 7º parágrafo, o autor critica a atuação das empresas e afirma:

> "[...] investem em tolas ações de marketing e não enxergam quanto valor poderiam agregar com ações de responsabilidade social e ambiental em benefício dos animais."

a) Troque ideias com os colegas: O que são "ações de responsabilidade social e ambiental"?

b) De acordo com a pesquisa citada no texto, o que o consumidor de alimentos à base de proteína animal espera dos produtos que compra?

c) O conceito de animal referido no texto abrange apenas os animais domésticos — cão, gato, peixe, papagaio, etc. — ou é mais amplo? Justifique sua resposta.

6. Na conclusão do texto, o autor deixa clara sua opinião sobre qual é a solução para o problema dos animais no país. Qual é ela?

7. No último parágrafo, o autor critica a chamada "normose social".

a) O que é isso?

b) O modo como os animais são tratados no país se enquadra nessa "normose"? Por quê?

c) Que outros tipos de "normose" você conhece?

8. Troque ideias com os colegas e dê sua opinião: Os animais são bem tratados no país? Se não, o que poderia ser feito para reverter essa situação?

ONG ARCA BRASIL

Eis o texto de apresentação do *site* da ONG Arca Brasil:

Em 25 anos de atuação, os projetos, eventos e outras ações da **ARCA BRASIL – Associação Humanitária de Proteção e Bem-Estar Animal**, entidade não governamental sem fins lucrativos, independente e apartidária, inauguraram uma nova era de esperança e respeito aos direitos dos animais no país.

Seu programa "Controle Ético das Populações de Cães e Gatos", reconhecido pela Organização Pan-Americana da Saúde (OPAS), é modelo para todo o país – incluindo a cidade de São Paulo –, salvando centenas de milhares de vidas.

(Disponível em: http://arcabrasil.org.br/index.php/historico/. Acesso em: 7/9/2020.)

ARCA BRASIL
Associação Humanitária de Proteção e Bem-Estar Animal

Palavras em contexto

1 Observe este trecho do texto:

> "A maior parte dos animais deste país está jogada **feito** lixo pelas ruas [...]"

No enunciado, a palavra **feito** tem um valor comparativo e só **não** é equivalente a:

a) como.

b) tal qual.

c) igual a.

d) apesar de.

2 A palavra **incivilidade**, empregada no trecho "Temos atitudes que beiram a incivilidade", é formada desta maneira: prefixo **in-** + **civilidade**. Seguindo esse exemplo, forme palavras:

a) in + civilizado ______

b) in + habilidade ______

c) in + acessibilidade ______

d) in + adaptação ______

e) in + aptidão ______

3 Observe o emprego de aspas neste trecho do texto:

> Estamos vivendo uma "normose social"

Levante hipóteses: O que justifica o emprego de aspas nessa situação?

______

______

______

______

______

______

Texto e intertexto

Leia este anúncio:

Divulgação/SOS Bichos, Ponta Grossa, PR

1 A respeito da situação de produção do anúncio, responda:

a) Quem é o locutor, ou seja, o responsável pelo anúncio?

____

b) Quem você imagina que seja o leitor que o anunciante tem em vista?

____

c) Qual é a finalidade do anúncio?

____

2 Observe a figura do cão em destaque no anúncio.

a) O que os olhos dele expressam? Que relação esse olhar tem com o objetivo do anúncio?

____

b) Levante hipóteses: Por que, para ser o centro do anúncio, foi escolhida a figura de um cão filhote?

____

____

3 O anúncio é multimodal, pois apresenta imagens e enunciados verbais.

a) Que enunciado verbal confirma as informações contidas no texto "Não somos civilizados com os animais", lido no início do capítulo? Justifique sua resposta.

b) Que enunciado tenta estimular diretamente o leitor para que adote um bicho de rua? Que forma verbal expressa esse estímulo direto?

4 Para convencer o leitor, o anunciante usa argumentos.

a) Os argumentos verbais que ele usa são emocionais ou lógicos? Justifique sua resposta.

b) A imagem principal do anúncio também pode ser considerada um argumento em favor da adoção? Por quê?

5 Observe o logotipo da Associação SOS Bichos.

a) A que ele se assemelha?

b) O que representa o coração, no centro do logotipo?

Divulgação/SOS Bichos, Ponta Grossa, PR

6 Observe que o anúncio tem como fundo duas cores principais: o preto e o vermelho. Que relação essas cores têm com os enunciados verbais e com o objetivo do anúncio? Discuta com os colegas e o professor.

Exercícios

Leia o texto a seguir e responda às questões 1 e 2.

PROCONSP

OUVIDORIA

A Ouvidoria precisa de sua participação para a melhoria dos serviços prestados pelo Procon SP e por isso, valorizamos sua contribuição que pode ser feita com o registro de uma crítica, sugestão ou elogio!

Caso a intenção seja realmente se manifestar sobre os serviços prestados pela **Fundação PROCON.SP**, Núcleos Regionais e Procons Municipais Conveniados, você pode registrar sua manifestação através de formulário Eletrônico na **Ouvidoria de SP** ou pelo telefone: **0800 377 62 66**, de 2ª à 6ª feira — das 9 às 17hs

Se o objetivo do contato for denunciar qualquer ato de corrupção na administração pública é possível preencher o formulário disponível no site www.ouvidoriageral.sp.gov.br/foccosp.

No entanto, é importante saber que se sua intenção é tirar dúvidas ou registrar uma reclamação contra uma empresa, neste caso, os links abaixo direcionam para os diferentes canais que atendem o consumidor:

- Atendimento Telefônico — 151 (disponível para a Capital)
- Atendimento Eletrônico (consulta e reclamação)
- Atendimento Pessoal (PT Itaquera, Santo Amaro e Sé)

(Disponível em: https://www.procon.sp.gov.br/ouvidoria/. Acesso em: 16/9/2020.)

1 • A sigla **Procon** significa Programa de Proteção e Defesa do Consumidor, e, como o próprio nome diz, é uma instituição destinada à proteção, ajuda, orientação e defesa do consumidor comum. O Procon informa os direitos do público em geral, além de fiscalizar as relações de consumo. A ouvidoria do Procon tem como finalidade:

a) ouvir o consumidor, para melhorar os serviços prestados.

b) registrar críticas, sugestões e elogios a serviços prestados por outras empresas e instituições.

c) direcionar os consumidores a outros órgãos nos quais poderão ser atendidos.

d) atender reclamações relacionadas especificamente a telefonia, atendimento eletrônico e atendimento pessoal.

2 • Caso o interessado queira fazer algum comentário (elogioso ou crítico) ou alguma sugestão sobre os serviços prestados pelo Procon, ele deve:

a) preencher um formulário eletrônico ou ligar para o número 0800 377 62 66.

b) ligar para o número 151.

c) preencher um formulário ou enviar uma mensagem pelo *e-mail*: www.ouvidoriageral.sp.gov.br/foccosp.

d) comparecer no endereço da instituição de segunda a sexta, das 9 às 17h.

Leia este texto e responda às questões 3 e 4.

(Claudio Jorge. *Tiras de letra*. São Caetano do Sul-SP: Virgo, 2004. p. 7.)

3. Considerando os elementos visuais da charge, é possível afirmar que o comentário do personagem:

a) desmente a "inclusão" sugerida no cartaz, pois o personagem é um exemplo da exclusão.

b) reforça a ideia de que o Brasil é um país de todos, expressa no cartaz.

c) contradiz a ideia de que todas as pessoas do país são mendigas.

d) confirma a ideia, expressa no cartaz, de que todos no Brasil são cidadãos.

4. O humor da charge resulta da presença:

a) de um elemento-surpresa.

b) da contradição entre o que diz a linguagem verbal e o que mostra a linguagem não verbal.

c) da crítica ao discurso oficial do governo.

d) da caricatura da personagem.

Leia o texto a seguir e responda às questões 5 a 9.

O império da vaidade

Você sabe por que a televisão, a publicidade, o cinema e os jornais defendem os músculos torneados, as vitaminas milagrosas, as modelos longilíneas e as academias de ginástica? Porque tudo isso dá dinheiro. Sabe por que ninguém fala do afeto e do respeito entre duas pessoas comuns, mesmo meio gordas, um pouco feias, que fazem piquenique na praia? Porque isso não dá dinheiro para os negociantes, mas dá prazer para os participantes.

People Image Studio/Shutterstock

O prazer é físico, independentemente do físico que se tenha: namorar, tomar milk-shake, sentir o sol na pele, carregar o filho no colo, andar descalço, ficar em casa sem fazer nada. Os melhores prazeres são de graça — a conversa com o amigo, o cheiro do jasmim, a rua vazia de madrugada —, e a humanidade sempre gostou de conviver com eles. Comer uma feijoada com os amigos, tomar uma caipirinha no sábado também é uma grande pedida. Ter um momento de prazer é compensar muitos momentos de desprazer. Relaxar, descansar, despreocupar-se, desligar-se da competição, da áspera luta pela vida — isso é prazer.

Mas vivemos num mundo onde relaxar e desligar-se se tornou um problema. O prazer gratuito, espontâneo, está cada vez mais difícil. O que importa, o que vale, é o prazer que se compra e se exibe, o que não deixa de ser um aspecto da competição. Estamos submetidos a uma cultura atroz, que quer fazer-nos infelizes, ansiosos, neuróticos. As filhas precisam ser Xuxas, as namoradas precisam ser modelos que desfilam em Paris, os homens não podem assumir sua idade.

Não vivemos a ditadura do corpo, mas seu contrário: um massacre da indústria e do comércio. Querem que sintamos culpa quando nossa silhueta fica um pouco mais gorda, não porque querem que sejamos mais saudáveis — mas porque, se não ficarmos angustiados, não faremos mais regimes, não compraremos mais produtos dietéticos, nem produtos de beleza, nem roupas e mais roupas. Precisam da nossa impotência, da nossa insegurança, da nossa angústia.

O único valor coerente que essa cultura apresenta é o narcisismo.

(Paulo Moreira Leite. O império da vaidade. *Veja*, 23 ago. 1995. p. 79.)

5 ▪ O autor pretende influenciar os leitores para que eles:

a) evitem todos os prazeres cuja obtenção depende de dinheiro.

b) excluam de sua vida todas as atividades incentivadas pela mídia.

c) fiquem mais em casa e voltem a fazer os programas de antigamente.

d) sejam mais críticos em relação ao incentivo do consumo pela mídia.

(http://provabrasil.inep.gov.br/)

6 ▪ O texto tem como tema central:

a) os valores impostos pela mídia e pela indústria da beleza.

b) a compra de produtos dietéticos e regimes.

c) as notícias veiculadas pela televisão, pelo rádio e pelos jornais.

d) a infelicidade, a ansiedade e a neurose do ser humano.

7 ▪ O texto defende:

a) os prazeres propiciados pelo consumo de roupas e cosméticos.

b) o prazer de comprar e exibir-se socialmente.

c) os prazeres simples da vida em detrimento do consumo e do narcisismo.

d) o consumo, sem desprezar os prazeres da vida.

8 ▪ Observe as expressões utilizadas no texto:

- **império** da vaidade
- **ditadura** do corpo
- vitaminas **milagrosas**
- **massacre** da indústria e do comércio

A seleção lexical revela:

a) uma avaliação positiva do autor em relação à indústria do comércio e da moda.

b) uma posição indiferente do autor em relação ao consumo e à moda.

c) uma avaliação crítica por parte do autor em relação aos que não valorizam os prazeres materiais da vida.

d) uma avaliação negativa do autor em relação ao consumo e à indústria da moda.

9 ▪ Segundo o texto, relaxar e desligar-se tornou-se um problema porque:

a) ficamos ansiosos e neuróticos quando não temos o poder da compra.

b) vivemos numa cultura em que o prazer gratuito está acima do consumismo da moda e da beleza física.

c) vivemos numa sociedade que cultiva valores consumistas e competitivos.

d) o prazer das pequenas coisas está acima do prazer do consumo e da competição.

Leia o texto a seguir e responda às questões 10 a 12.

QUESTÕES DO CONSUMIDOR CONSCIENTE

1. Por que comprar?
   Este produto é realmente necessário, ou estou comprando sem saber por quê?
2. O que comprar?
   Este produto atende melhor às minhas necessidades?
3. Como comprar?
   Vale mais a pena comprar a crédito, com prestações que não pesam no orçamento, ou à vista, com desconto?
4. De quem comprar?
   Esta empresa respeita as leis trabalhistas, é ambientalmente responsável e paga seus impostos corretamente?
5. Como usar?
   Sei como operar este equipamento? Vou utilizar integralmente estes alimentos?
6. Como descartar?
   Quando acabar a vida útil deste produto, saberei dar o destino correto a cada um de seus componentes?

David Martins/Arquivo da editora

Fonte: Instituto Akatu

(Disponível em: www.akatu.org.br/Temas/Consumo-Consciente/Posts/ Seis-perguntas-do-consumo-consciente. Acesso em: 9/9/2020.)

10 ▪ Infira: Qual é a finalidade do texto?

a) Informar o consumidor sobre seus direitos e deveres.

b) Alertar o consumidor e orientá-lo sobre como fazer uma compra consciente.

c) Incentivar o consumidor a fazer compras.

d) Informar o consumidor sobre possíveis problemas na compra de produtos.

11 ▪ O texto se dirige ao público:

a) feminino, que precisa de orientação quanto a compras.

b) adolescente, que não tem consciência das compras que faz.

c) adulto, que tem poder de compra.

d) masculino, que precisa de orientação quanto a compras.

12 ▪ A escolha de uma figura feminina para compor a parte visual do anúncio provavelmente se deve ao fato de que:

a) a mulher geralmente é responsável pelas compras da família.

b) a mulher geralmente é quem faz maiores economias na família.

c) uma figura de mulher certamente atrai a atenção tanto de homens quanto de mulheres.

d) a mulher geralmente é quem menos consome, mas é responsável pelas compras da família.

Capítulo 5

Trabalho: limites e direitos

Como é bom ser criança e ter o dia inteiro para brincar! Ou ir à escola e aprender muita coisa legal, fazer amigos, rir, se divertir. Mas e quando a criança não tem direito de ser criança? É justo a criança trabalhar em vez de viver a infância?

Leia este texto:

UNICEF alerta para o risco de aumento do trabalho infantil durante e após a pandemia

Crianças e adolescentes negros estão particularmente vulneráveis; garantir a implementação da Lei da Aprendizagem e o retorno de todas as crianças e adolescentes à escola é essencial para proteger meninas e meninos dessa exploração.

Daniel Berehulak/Getty Images

Brasília, 12 de junho de 2020 – A pandemia da Covid-19 traz, como efeito secundário, o risco de aumento do trabalho infantil no Brasil. Com as escolas fechadas para prevenir a transmissão do vírus e a pobreza se acentuando, o trabalho pode parecer, equivocadamente, uma forma de meninas e meninos ajudarem suas famílias. Mas ele impacta o desenvolvimento físico e emocional das crianças e pode impedir a continuidade da educação, reproduzindo ciclos de pobreza nas famílias – além de ser porta de entrada para uma série de outras violações de direitos, como a violência sexual. O trabalho infantil é uma forma de violência. Ele atinge crianças e adolescentes em todo o País e, particularmente, meninas e meninos negros.

Uma das formas de impedir o trabalho infantil é oferecer opções de aprendizagem e trabalho protegido, dentro da lei, aos adolescentes. Por isso, neste Dia Mundial de Combate ao Trabalho Infantil, o UNICEF faz um apelo às empresas públicas e privadas para que reforcem seu compromisso com a implementação da Lei da Aprendizagem. "Neste momento de crise, é ainda mais necessário promover esforços para garantir que meninas e meninos vulneráveis retornem à escola após a pandemia. No caso dos adolescentes, para que isso seja possível, é essencial que eles consigam unir aprendizagem e trabalho protegido, via lei do Aprendiz", defende Rosana Vega, chefe de Proteção à Criança do UNICEF no Brasil.

Ricardo Beliel/Brazil Photos/LightRocket via Getty Images

Segundo dados do IBGE de 2016, os últimos disponíveis, 2,4 milhões de crianças e adolescentes de 5 a 17 anos estavam em situação de trabalho infantil no Brasil. Destes, 1,7 milhão exerciam também afazeres domésticos de forma concomitante ao trabalho ou estudo. O problema afeta, em especial, meninas e meninos negros. Do total em trabalho infantil no Brasil em 2016, 64,1% eram negros. Na Região Norte, este percentual era ainda maior, 86,2%, seguido da Região Nordeste, com 79,5%, e do Centro-Oeste, com 71,5%. No Sudeste e no Sul eram 58,4% e 27,9%, respectivamente.

A Constituição Federal proíbe o trabalho de menores de 16 anos no Brasil, exceto na condição de aprendiz, a partir dos 14 anos. A Lei da Aprendizagem (10.097/2000) determina que toda empresa de médio ou grande porte tenha de 5% a 15% de aprendizes, entre 14 e 24 anos, considerando as funções que exijam formação profissional. Dessa forma, a lei permite que meninas e meninos que cursam a escola regular no ensino médio tenham oportunidades de formação técnico-profissional.

No entanto, em 2018, só havia 435.956 jovens registrados como aprendizes no País. Ao mesmo tempo, mais de 1,7 milhão de crianças e adolescentes de 4 a 17 anos estava fora da escola, incluindo 1,15 milhão de adolescentes entre 15 e 17 anos.

O acesso à educação, combinado com uma formação técnico-profissional e uma opção de renda, mostra-se ainda mais importante em um período de pós-pandemia, para que adolescentes possam permanecer na escola. É essencial, também, buscar ativamente crianças e adolescentes que não voltaram à escola quando as aulas forem retomadas. Nesse contexto, o UNICEF vem trabalhando com mais de 3 mil municípios brasileiros no desenvolvimento e implementação de metodologias para identificar e matricular meninas e meninos que estavam fora da escola. Saiba mais em buscaativaescolar.org.br.

[...]

UNICEF e OIT alertam sobre trabalho infantil no mundo

Assim como no Brasil, o risco de aumento do trabalho infantil tem gerado alertas em outros países. De acordo com o relatório COVID-19 and Child Labour: A Time Of Crisis, A Time to Act, lançado nesta sexta por UNICEF e Organização Internacional do Trabalho (OIT), o trabalho infantil diminuiu em 94 milhões no mundo desde 2000.

Essa melhoria, agora, pode estar ameaçada. Além disso, crianças que já trabalham podem ter que trabalhar mais ou em piores condições. Segundo os últimos dados da OIT, 152 milhões de crianças e adolescentes entre 5 e 17 anos estavam em situação de trabalho infantil em 2016.

[...]

O relatório propõe um conjunto de medidas destinadas a mitigar o risco de aumento do trabalho infantil, incluindo a expansão da proteção social, facilitação de crédito para famílias em situação de pobreza, promoção de trabalho decente para adultos, garantia do retorno de crianças e adolescentes à escola sem custos e ampliação da fiscalização da aplicação de leis voltadas ao enfrentamento do trabalho infantil em cada país.

(Disponível em: https://www.unicef.org/brazil/comunicados-de-imprensa/unicef-alerta-para-o-risco-de-aumento-do-trabalho-infantil-durante-e-apos. Acesso em: 13/10/2020.)

1 ▪ **Unicef** é o Fundo Internacional de Emergência das Nações Unidas para a Infância (em inglês, United Nations International Children's Emergency Fund).

Reprodução/Unicef

a) No contexto da pandemia da covid-19, que atingiu o Brasil em 2020, qual foi a preocupação da entidade em nosso país?

b) Nesse contexto, quem eram os mais vulneráveis?

2 ▪ O risco do trabalho infantil aumentou com a pandemia no Brasil. Quais foram as causas desse risco?

3 ▪ Segundo o texto, "o trabalho infantil é uma forma de violência". Por que ele é considerado uma violência?

4 ▪ No Brasil, a lei permite que adolescentes comecem a trabalhar a partir de 14 anos de idade, desde que estejam na condição de aprendizes de uma profissão técnica. Por que, segundo o texto, "o acesso à educação, combinado com uma formação técnico-profissional e uma opção de renda, mostra-se ainda mais importante em um período de pós-pandemia"?

5 ▪ Releia este trecho:

> "No entanto, em 2018, só havia 435.956 jovens registrados como aprendizes no País. Ao mesmo tempo, mais de 1,7 milhão de crianças e adolescentes de 4 a 17 anos estava fora da escola, incluindo 1,15 milhão de adolescentes entre 15 e 17 anos."

Levante hipóteses: Se, em 2018, 1,7 milhão de crianças e adolescentes estavam fora da escola, o que então, provavelmente, estavam fazendo?

6. De que modo o Unicef auxiliou o Brasil na tentativa de impedir a evasão escolar na fase decrescente da pandemia?

7. De acordo com o texto:

a) O trabalho infantil é exclusivo da realidade brasileira?

b) Que medidas o relatório do Unicef propôs aos países a fim de evitar o aumento do trabalho infantil em todo o mundo no contexto da pós-pandemia?

8. Discuta com o professor e os colegas:

- Você conhece alguma criança ou algum adolescente que parou os estudos para trabalhar? Se sim, conte para a turma.
- Que outras medidas poderiam ser tomadas para minimizar a evasão escolar no Brasil?
- Você concorda que o adolescente deva ter a idade mínima de 14 anos para ingressar no mercado de trabalho? Por quê?

Palavras em contexto

1 O texto apresenta dois *hyperlinks*, escritos em letra azul:

- buscaativaescolar.org.br
- *COVID-19 and Child Labour: A Time Of Crisis, A Time to Act*

Considerando o contexto em que foram empregados, levante hipóteses:

a) A que remete o primeiro *hyperlink*?

b) E o segundo *hyperlink*, a que remete?

2 Leia o trecho abaixo.

> "A pandemia da Covid-19 traz, como efeito secundário, o risco de aumento do trabalho infantil no Brasil. Com as escolas fechadas para prevenir a transmissão do vírus e a pobreza se acentuando, o trabalho pode parecer, equivocadamente, uma forma de meninas e meninos ajudarem suas famílias. Mas **ele** impacta o desenvolvimento físico e emocional das crianças e pode impedir a continuidade da educação, reproduzindo ciclos de pobreza nas famílias [...]."

a) A que se refere o pronome **ele** em destaque?

b) Em "A pandemia da Covid-19 traz, como efeito secundário, o risco de aumento do trabalho infantil no Brasil", qual seria o efeito primário?

c) O emprego de palavras e expressões como **risco**, **pode parecer**, **pode impedir** expressa uma **modalização apreciativa** da linguagem, isto é, o grau de comprometimento do autor em relação ao que está sendo enunciado. No contexto, essas palavras e expressões transmitem a noção de:

( ) certeza ( ) dúvida ( ) possibilidade ( ) impossibilidade

3 No trecho:

> "Neste momento de crise, é ainda mais necessário promover esforços para garantir que meninas e meninos vulneráveis retornem à escola após a pandemia. [...]", defende Rosana Vega, chefe de Proteção à Criança do UNICEF no Brasil.

a) Qual é a função das aspas?

b) Qual é a importância, para a produção de sentidos do texto, reproduzir literalmente a fala de Rosana Vega?

Texto e intertexto

Observe a fotografia a seguir, de Daniel Berehulak, e responda às questões propostas.

Daniel Berehulak/Equipa/Getty Images

1 Na cena mostrada na fotografia, tirada em Nova Délhi, na Índia, em 2010, há quatro crianças. Levante hipóteses:

a) Quantos anos as crianças têm, aproximadamente?

____

b) O que elas estão fazendo: brincando ou trabalhando? Justifique sua resposta com elementos da foto.

____

____

c) O que a menina parece fazer com a mão direita?

____

2 Entre as crianças, duas seguram ferramentas.

a) Quais são essas ferramentas?

____

b) Elas são adequadas ao tamanho das crianças ou são para adultos? Justifique sua resposta.

____

____

____

c) Levante hipóteses: Que tarefa os meninos estão realizando?

3 Observe que há areia embaixo das pedras e, ao fundo, alguns tijolos. Deduza: As crianças estão:

a) em um espaço rural, de plantio de fumo ou café.

b) em um espaço urbano, de construção civil.

c) em um espaço doméstico, de trabalhos caseiros.

d) em um espaço urbano, de lazer infantil.

4 Considerando a idade das crianças e a atividade que estão realizando, deduza: Você acha que elas estão sozinhas ou acompanhadas por algum adulto?

5 Observe as roupas e a expressão facial das crianças.

a) Provavelmente, qual é a condição social das crianças? Justifique sua resposta com elementos da foto.

b) As crianças estão felizes? Justifique.

c) Levante hipóteses: O que poderia tornar essas crianças felizes?

6 Na sua opinião, os direitos da criança no Brasil são respeitados? Por quê?

7 Compare o texto do Unicef com a fotografia de Daniel Berehulak. O que há em comum entre os textos?

QUEM SÃO AS CRIANÇAS DA FOTO?

Quando o fotógrafo Daniel Berehulak tirou a foto em estudo, os pais das quatro crianças estavam próximos, trabalhando. Todos eles participavam da construção do estádio Jawaharlal Nehru. As crianças trabalhadoras ganhavam, por dia, algum dinheiro para comprar pão e leite, além de um jantar. Os pais, por mês, ganhavam menos de um salário mínimo local.

Exercícios

Em 1959, centenas de países aprovaram na Organização das Nações Unidas (ONU) a Declaração dos Direitos da Criança. Em 1990, o governo brasileiro decretou o Estatuto da Criança e do Adolescente (ECA), que estabelece os direitos das crianças e dos adolescentes. Conheça os principais direitos constantes desse estatuto:

1. todas as crianças têm o direito à vida e à liberdade;
2. todas as crianças devem ser protegidas da violência doméstica;
3. todas as crianças são iguais e têm os mesmos direitos, não importa a sua cor, sexo, religião, origem social ou nacionalidade;
4. todas as crianças devem ser protegidas pela família e pela sociedade;
5. todas as crianças têm direito a um nome e nacionalidade;
6. todas as crianças têm direito à alimentação e a atendimento médico;
7. as crianças portadoras de dificuldades especiais, físicas ou mentais, têm o direito a educação e cuidados especiais;
8. todas as crianças têm direito ao amor e à compreensão dos pais e da sociedade;
9. todas as crianças têm direito à educação;
10. todas as crianças têm direito de não serem violentadas verbalmente ou serem agredidas pela sociedade.

(Disponível em: https://e-diariooficial.com/direitos-das-criancas-conheca-os-direitos-das-criancas-previsto-por-lei/. Acesso em: 13/10/2020.)

Monkey Business Images/Shutterstock

Priozzi/UNICEF

Krakenimages.com/Shutterstock

1. O texto tem a finalidade de:
   a) elencar no estatuto os direitos fundamentais da criança e do adolescente.
   b) discutir os direitos das crianças no Brasil.
   c) descrever documentos produzidos pela ONU em favor da criança.
   d) diferenciar direitos das crianças dos direitos dos adolescentes.

2. O documento:
   a) impede maus-tratos às crianças.
   b) não aborda a questão do trabalho infantil.
   c) garante a proteção da criança e do adolescente.
   d) não garante educação a crianças especiais.

3. Compare os direitos da criança e do adolescente enumerados acima com a foto de Daniel Berehulak, que você estudou na seção **Texto e intertexto**. Quais direitos da criança estão sendo desrespeitados na situação retratada pela foto?

a) 2, 7 e 8 b) 3, 4 e 5 c) 4, 6 e 9 d) 5, 7 e 10

Leia o texto a seguir e responda às questões 4 a 7.

Serviços de proteção à criança e ao adolescente durante a pandemia de Covid-19

Saiba como denunciar

Reprodução/SANCTVS

Com o isolamento social causado pela pandemia do novo coronavírus, milhares de crianças e adolescentes ficam expostos à violência dentro de suas próprias casas. Mas isso não deve ser desculpa para que seus direitos sejam violados. Se você for testemunha de qualquer tipo de violência física, sexual ou psicológica contra uma criança ou adolescente, denuncie!

Conheça quais são os órgãos responsáveis por receber denúncias de violência contra crianças e adolescentes e saiba como denunciar:

Conselho Tutelar – Para casos de violência física ou sexual, inclusive por familiares, casos de ameaça ou humilhação por agentes públicos, casos de atendimento médico negado, é necessário chamar o Conselho Tutelar. Verifique o contato do Conselho Tutelar da sua cidade, mas atenção: o atendimento pode ter sido alterado na pandemia.

Disque 100 – Vítimas ou testemunhas de violações de direitos de crianças e adolescentes, como violência física ou sexual, podem denunciar anonimamente pelo Disque 100.

Disque 180 – Em casos de violência contra mulheres e meninas, seja violência psicológica, física, sexual causada por pais, irmãos, filhos ou qualquer pessoa. O serviço é gratuito e anônimo.

Polícias – Quando estiver presenciando algum ato de violência, acione a Polícia Militar por meio do número 190. Também é possível acionar as Delegacias Especializadas no Atendimento à Mulher e as de Proteção à Criança e ao Adolescente da sua cidade.

Safernet Brasil – A rede recebe denúncias de *cyberbullying* e crimes realizados em ambiente *online*. Para denunciar, acesse https://new.safernet.org.br/

Outros órgãos também trabalham com apoio a crianças, adolescentes e suas famílias. Conheça alguns:

Centro de Valorização da Vida – O CVV trabalha com apoio emocional e prevenção do suicídio, e atende qualquer pessoa que precise conversar, anonimamente. Ligue 188 ou acesse www.cvv.org.br

Defensoria Pública – A defensoria defende pessoas que não podem pagar por um advogado particular. Também atua quando um grupo de pessoas tem um direito violado, como falta de acesso a saúde. Procure os contatos no site da Defensoria de seu Estado.

Ministério Público – O Ministério Público fiscaliza órgãos e agentes públicos. Vítimas de irregularidades policiais, falta de atendimento no Conselho Tutelar ou outros órgãos, acione o MP. Encontre os contatos no site do MP de seu Estado.

Ouvidorias – Cada órgão tem uma ouvidoria própria para receber sugestões, elogios e reclamações que não foram resolvidas de outra forma. Caso tenha um problema com algum órgão, busque o contato da ouvidoria do mesmo.

Creas – O Centro de Referência Especializada em Assistência Social é responsável por atender crianças, adolescentes e famílias em situação de risco, seja por violência, trabalho infantil, cumprimento de medidas socioeducativas ou violações de direito. Cada município possui diversos Creas, encontre o mais perto de sua casa e entre em contato.

(Disponível em: https://www.unicef.org/brazil/cinco-dicas-para-proteger-criancas-e-adolescentes-da-violencia-em-tempos-de-coronavirus. Acesso em: 13/10/2020.)

4. Segundo o texto, a causa de possível aumento de violência doméstica contra crianças e adolescentes é:

a) o convívio com a família, dentro de casa.

b) o isolamento social causado pelo novo coronavírus.

c) a exposição da criança e do adolescente à violência existente nas famílias.

d) a pandemia do novo coronavírus.

5. No contexto, os verbos no imperativo como **denuncie**, **conheça**, **verifique**, **acione**, entre outros, sugerem:

a) ordem.

b) certeza.

c) convite.

d) dúvida.

6. O texto tem o objetivo de:

a) descrever os maus-tratos infligidos às crianças e aos adolescentes, no contexto do novo coronavírus.

b) promover os órgãos públicos que defendem crianças e adolescentes da violência familiar.

c) fazer o levantamento de tipos de violência praticada contra crianças e adolescentes.

d) orientar o leitor sobre como denunciar aos órgãos responsáveis os maus-tratos praticados contra crianças e adolescentes.

7. O texto se dirige:

a) a todas as pessoas que presenciem maus-tratos praticados contra crianças e adolescentes.

b) exclusivamente às crianças e aos adolescentes que sofram violência física.

c) a todos que utilizam da violência contra crianças e adolescentes.

d) a todos os órgãos públicos e particulares que atendem a crianças e adolescentes vítimas de violência.

Leia o texto a seguir e responda às questões 8 a 10.

© Jorge Barreto/Acervo do cartunista

(Mario Dimov Mastrotti, org. *Isto é um absurdo! — Os problemas do Brasil na visão de 28 chargistas*. São Caetano do Sul-SP: Virgo, 2004. p. 15.)

8. No contexto, a expressão **ter futuro** significa:

a) ter uma boa profissão.

b) prever o futuro.

c) ter moradia, emprego, saúde, educação.

d) viver em um país de futuro.

9. Observe a linguagem não verbal do texto. Pelo local em que estão e pelas roupas que os personagens usam, é possível deduzir que eles pertencem:

a) à classe média.

b) ao grupo dos mais ricos na sociedade.

c) à classe dos mais pobres na sociedade.

d) a um grupo social indefinido.

10. O humor da charge está no fato de o pai:

a) ter de explicar para o filho o que é futuro, pois esse é um tema complexo para a compreensão de uma criança.

b) ficar surpreso com a pergunta, pois o filho é muito jovem para se preocupar com o futuro.

c) não poder responder à pergunta do filho, pois a condição em que vivem impede que ele associe **ter futuro** com **ter perspectiva**.

d) não saber como explicar algo sobre o qual nunca pensou.

Leia o texto a seguir e responda às questões 11 a 13.

Diversão no RH

Em uma dinâmica de grupo perguntei a um dos candidatos:

— Por que você saiu de sua antiga empresa?

Ele respondeu prontamente:

— Na verdade, eu não tinha muita expectativa de vida lá.

(Disponível em: www.selecoes.com.br/humor/piadas-muito-engracadas-sobre-locais-de-trabalho/. Acesso em: 14/10/2020.)

Jean Galvão

11 • Pelas características do texto, trata-se de:

a) um relato.
b) um miniconto.
c) um bilhete.
d) uma anedota.

12 • O texto tem a finalidade de:

a) contar uma história.
b) divertir.
c) inventar um fato.
d) descrever situações diárias.

13 • O efeito humorístico do texto reside no fato de:

a) o candidato ser questionado sobre o motivo de ter saído da empresa anterior.
b) o candidato ingenuamente dizer a verdade ao entrevistador.
c) o candidato usar a expressão **expectativa de vida** de forma inadequada.
d) haver uma dinâmica entre os candidatos.

Leia o cartum ao lado.

14 • O cartum retrata um momento em que uma turma de formandos está sendo fotografada. Observe a folha de jornal rasgada no chão e um pedaço dessa folha na mão do fotógrafo. Infira: Com que finalidade o fotógrafo mostra o pedaço de jornal aos formandos?

a) Para atrair a atenção deles.
b) Para conseguir um sorriso dos formandos, uma vez que no jornal está escrito "Emprego".
c) Para eles imaginarem como sairão na foto.
d) Para eles lerem a notícia da formatura.

Santiago/Acervo do cartunista

15 • A expressão facial dos formandos está relacionada com:

a) ansiedade, pois eles estão terminando o curso.
b) coragem, pois eles são inexperientes.
c) alegria, pois desejam ingressar no mercado de trabalho.
d) euforia, pois eles estão saindo da faculdade.

16 • O cartum faz ironia e crítica em relação:

a) à situação dos universitários, que se formam sem garantia de emprego.
b) à baixa qualidade de ensino nos cursos superiores.
c) às cerimônias de formatura, que são monótonas e cansativas.
d) ao tradicionalismo do cerimonial e das vestimentas de formatura.

Capítulo 6

Malas prontas!

O ser humano é, por natureza, aventureiro. Seu desejo de conhecer e explorar o desconhecido é tanto que o leva a desafiar a lógica e o bom senso.

Leia, a seguir, um fragmento do livro *Cem dias entre céu e mar*, do navegante brasileiro Amyr Klink. Na obra, o autor relata a travessia que fez do oceano Atlântico, navegando durante 100 dias num pequeno barco a remo, desde a partida da Namíbia, na África, até a chegada a Salvador, no Brasil.

AKPE/Amyr Klink

Amyr Klink na travessia de 100 dias pelo Atlântico.

Noite escura, sem céu nem estrelas. Uma noite de **ardentia**. Estava tremendo. O que seria desta vez? A resposta veio do fundo. Uma enorme baleia, com o corpo todo iluminado, passava exatamente sob o barco, quase tocando-lhe o fundo. Podia ver sua descomunal cauda, de envergadura talvez igual ao comprimento do meu barco, passando por baixo, de um lado, enquanto, do outro, seguiam o corpo e a cabeça. Com o seu movimento verde fosforescente iluminando a noite, nem me tocou, e iluminada seguiu em frente. Com as mãos agarradas na borda, estava completamente paralisado por tão impressionante espetáculo — belo e assustador ao mesmo tempo. Acompanhava com os olhos e a respiração o seu caminho sob a superfície. Manobrou e voltou-se de novo, e, mesmo maravilhado com o que via, não tive a menor dúvida: voei para dentro, fechei a porta e todos os respiros, e fiquei aguardando, deitado, com as mãos no teto, pronto para o golpe. Suavemente tocou o **leme** e passou a empurrar o barco, que ficou atravessado à sua frente. Eu procurava imaginar o que ela queria.

Indescritível sensação, servir de brinquedo para um mamífero com pelo menos vinte vezes o peso do meu mundinho. Sentia em cada nervo a sua força. Ouvia o barulho das bolhas passando pelo costado. Difícil acreditar que um dia eu passaria por isso.

Eu não tinha **quilha**, mas sim uma **bolina** retrátil cuja única função era manter a direção do barco e equilibrar o esforço nos remos quando estivesse remando com os ventos laterais; e o leme, única peça que sobressaía no fundo, foi desenhado com formas arredondadas e sem cantos pontiagudos, não só para aumentar a sua resistência, em caso de impacto, mas também para não provocar ferimentos e uma consequente reação violenta de algum **cetáceo** mais íntimo. Confesso que muitas vezes julguei absurdas essas considerações, mas agora dava graças a Deus por ter pensado em tantos detalhes quando o barco ainda não passava de alguns rabiscos numa folha de papel.

Enquanto dentro tudo se inclinava com o desproporcional "carinho" da amiga lá fora, não tirava da cabeça a imagem de seu corpo iluminado de ardentia. Foi um encontro de meia hora; e, quando ela me deixou, estava tão tenso que, sem perceber, adormeci com as mãos ainda segurando o teto.

Meia-noite. Outro golpe no leme. Barulho de lixa. Mais um golpe. Impossível! O medo cedeu lugar à raiva. Não era preciso sair para constatar que agora tratava-se de tubarões. Decididamente, não era uma noite para se dormir em paz. Resmungando em voz baixa, pensei mesmo em, munido de arpão, tomar uma atitude drástica contra esse abuso de intimidade. Mas no escuro... Novamente a vítima foi o leme. O que haveria de tão interessante no pobre leme? Logo se foram os tubarões e, com eles, o meu sono. Com a cabeça apoiada no protótipo de travesseiro (que, assim como a cama, estava abaixo da linha de flutuação), passei a noite pensando nos míseros dez milímetros de madeira que me separavam dos dentes de tão ásperos visitantes.

No dia seguinte fui ao trabalho com o rosto amassado de uma noite maldormida. Tinha a sensação de estar arrastando um petroleiro — os remos pesavam toneladas. Desanimador domingo sem sol. Não pude nem mesmo calcular a posição. O céu estava totalmente encoberto. O vento diminuíra, mas as ondas continuavam desencontradas. Quase esqueci que completava a sexta semana no mar.

Depois do almoço, sem a menor vontade de lavar a panela, passei por duas tábuas flutuando, presas em forma de T. Que súbita alegria! Tábuas serradas pelas mãos de seres humanos! Vestígios de civilização! Deveriam há muito vagar no mar, pois estavam cobertas de algas e moluscos. Alguns dos dourados que me acompanhavam se detiveram a investigar a estranha formação, mas logo retornaram.

Pensando nas tábuas com seus moluscos, enquanto remava, lembrei-me da tinta verde do fundo e não resisti à tentação de investigar a situação do casco, abaixo da linha-d'água. Munido de máscara e escova, mas sem muita coragem de entrar na água depois de uma noite tão tumultuada por visitas, pendurado na borda, mergulhei só a cabeça.

Mais surpreendente que a quantidade de dourados que me cercavam foi constatar, de cabeça para baixo, a abundante floresta de crustáceos em que se transformara o meu **outrora** hidrodinâmico casco. O leme estava um escândalo. Parecia uma vassoura assustada. Os crustáceos, ou "lepas", eram os mesmos que estavam nas tábuas perdidas e cresciam vorazmente, mas só nos locais de onde a tinta havia sido removida. Serviço dos **diletos** visitantes lixadores. Formavam pequenos tufos que freavam de modo terrível o avanço do barco e isso explicava por que, ultimamente, os remos andavam tão pesados.

ardentia: brilho ou fosforescência resultante da movimentação de certos tipos de peixe ou da luz produzida por organismos marinhos, como os fitoplânctons, nas camadas superiores da água do mar.

bolina: chapa resistente e plana instalada verticalmente por baixo da quilha das embarcações a vela com o fim de evitar que inclinem ao navegar.

cetáceos: ordem de mamíferos aquáticos que inclui baleias, botos e golfinhos.

dileto: muito querido, preferido.

leme: peça plana, localizada na parte submersa da popa de uma embarcação, que gira em um eixo e determina a direção em que aponta a proa.

outrora: no passado, antigamente.

quilha: peça disposta na parte mais inferior da embarcação e à qual se prendem as grandes peças verticais da estrutura do casco.

A escova, apropriada para remover o limo, nada podia contra os crustáceos e, sem outra alternativa, voltei ao trabalho e me pus a pensar. O problema era sério. Com o casco naquele estado, não só a viagem atrasaria demais, como minha resistência psicológica estaria também seriamente comprometida. Não tinha a menor disposição de dobrar o esforço nos remos ou aumentar o expediente de trabalho para dar carona a uma ociosa colônia submarina grudada no casco. Uma espátula constituiria uma solução imediata, mas precária, pois ao mesmo tempo removeria a tinta e faria o problema aumentar cada vez mais.

Mas o pior dessa situação estava pela frente. Nos dias que se seguiram, os tubarões, que até então se esfregavam no costado e no fundo de modo mais ou menos educado, começaram a dar golpes secos cada vez mais fortes, sempre em sessões de no máximo quinze minutos e, sobretudo, à noite. Só então entendi o que se passava: o que os atraía, na verdade, não era o barco, mas os benditos crustáceos que se formavam no fundo. Com os golpes, eles soltavam os pequenos tufos que, ficando para trás, livres na água, eram avidamente disputados por dourados e outros pequenos peixes que não conseguiam, pelos próprios meios, arrancá-los. Os tubarões investiam, então, contra os pobres coitados. Surpreendente e refinado método de caçar, para animais conhecidos pela falta de astúcia e diminuto cérebro.

[...]

(São Paulo: Companhia das Letras, 1985. p. 109-111.)

Marina Bandeira Klink/AKPE/Amyr Klink

QUEM É AMYR KLINK?

Amyr Klink nasceu em São Paulo, em 1955. Formou-se em Economia, mas desde cedo se interessou por navegação.

Depois da primeira e importante viagem solitária que realizou, relatada na obra *Cem dias entre céu e mar*, Klink fez, na companhia de outras pessoas, inúmeras viagens à Antártica e ao polo norte. Publicou os relatos dessas outras viagens nas obras *Paratii*, *As janelas do Paratii*, *Mar sem fim* e *Linha d'água*.

Klink é um dos mais importantes navegadores da atualidade de todo o mundo e uma referência na construção de embarcações.

Como palestrante, já fez mais de 2 500 apresentações.

1 ▪ O texto narra uma experiência real vivida pelo navegador Amyr Klink. Quanto ao gênero textual, o texto lido pode ser considerado:

a) um conto ficcional.

b) um relato de viagem.

c) um poema sobre o mar.

d) uma notícia de jornal.

2 ▪ Logo no início do texto, o narrador diz:

> "Noite escura, sem céu nem estrelas. Uma noite de ardentia. Estava tremendo. O que seria desta vez?"

a) Pelas pistas do texto, é possível supor que essa era a primeira vez que Amyr Klink estava sendo importunado em seu trajeto? Justifique com palavras do texto.

____

____

b) Levante hipóteses: A que ou a quem se refere a frase "Estava tremendo"? Qual era a causa desse tremor?

c) Explique: Se a noite era escura e sem estrelas, por que o autor se refere à baleia que surge em seguida como "iluminada"?

3. Ao ver a baleia, o narrador diz que ficou "paralisado por tão impressionante espetáculo".

a) Por que ele se sentiu maravilhado com essa experiência?

b) Levante hipóteses: Se ele estava maravilhado com o que via, por que se escondeu no interior do barco?

4. No segundo parágrafo, o narrador afirma:

> "Indescritível sensação, servir de brinquedo para um mamífero com pelo menos vinte vezes o peso do meu mundinho."

a) Por que o narrador sentia que ele e seu barco serviam de brinquedo para a baleia?

b) A que o narrador se refere com a palavra **mundinho**?

5▪ Amyr Klink sempre participou ativamente da construção de seus barcos.

Marina Klink/Acervo da fotógrafa

a) Por que ele havia considerado importante, na construção daquele barco, a ausência de quilha e a instalação de um leme com formas arredondadas?

____

____

____

b) As hipóteses iniciais do navegador estavam certas? Por quê?

____

____

____

6▪ Depois da baleia, vieram os tubarões. Sobre esse novo momento, o navegador comenta:

> "Novamente a vítima foi o leme. O que haveria de tão interessante no pobre leme?"

Responda: Por que o leme atraía os animais marinhos?

____

____

7▪ O texto de Amyr Klink faz referência à cadeia alimentar existente no ambiente marinho. Explique: Qual é a relação entre crustáceos, dourados e tubarões na situação relatada pelo navegador?

____

____

____

8▪ O livro *Cem dias entre céu e mar*, do qual foi extraído o texto lido, tornou-se um *best-seller*. Teve uma venda de quase 300 mil exemplares e chegou a ficar por 31 semanas consecutivas na lista dos 10 livros de não ficção mais vendidos no Brasil. Levante hipóteses: O que leva o leitor a se interessar por uma obra como essa?

____

____

____

Palavras em contexto

1 Releia este trecho do texto:

> "Enquanto dentro tudo se inclinava com o desproporcional 'carinho' da amiga lá fora, não tirava da cabeça a imagem de seu corpo iluminado de ardentia."

Justifique o emprego de aspas na palavra **carinho**.

2 A **ironia** é uma figura de linguagem que consiste em fazer uma afirmação com a intenção de expressar o oposto do que é dito. No trecho citado na questão anterior, a palavra **carinho** foi empregada ironicamente. Identifique no texto outros exemplos de ironia.

3 Observe as palavras destacadas neste trecho do primeiro parágrafo:

> "Noite escura, sem céu **nem** estrelas. [...] Uma enorme baleia, com o corpo todo iluminado, passava exatamente sob o barco, quase tocando-**lhe** o fundo."

a) Que palavras poderiam substituir a palavra **nem**, sem que o sentido do enunciado fosse alterado?

b) A que palavra do trecho o pronome **lhe** se refere? Reescreva o final do trecho substituindo esse pronome pela palavra a que ele se refere.

4 Sabendo que **hipérbole** é uma figura de linguagem que consiste em expressar uma ideia com exagero, a fim de enfatizá-la (por exemplo, "Já telefonei **um milhão de vezes**"), identifique o emprego dessa figura no primeiro parágrafo do texto e explique o que o autor pretende destacar com ela.

Robô da Nasa parte em missão para Marte em busca de vida em local que já foi um lago há bilhões de anos

Robô Perseverance, da Mars 2020, deve aterrissar no Planeta Vermelho em 18 de fevereiro do ano que vem. Ele vai coletar amostras em uma cratera de 45 km de largura na parte norte do planeta, em um depósito de sedimentos, e, depois, enviá-las de volta à Terra.

O robô Perseverance, da Nasa, partiu da Estação da Força Aérea de Cabo Canaveral, na Flórida, às 8h50 da manhã desta quinta-feira (30), rumo a Marte, em busca de vida em um local que já foi um lago há bilhões de anos.

A previsão de pouso no Planeta Vermelho é em **18 de fevereiro do ano que vem**.

O robô Perseverance carrega instrumentos para, além de coletar amostras, observar a geologia e transformar dióxido de carbono em oxigênio para viabilizar uma missão com humanos no planeta.

"Estamos todos emocionados. É fantástico", declarou o diretor de ciências planetárias da Nasa, Bobby Braun, minutos após o lançamento. Ele explicou que o foguete está "quase na rota de Marte". Ainda será necessária outra "queima de motor" para, então, o foguete sair da sombra da Terra, encontrar o Sol e os cientistas poderem fazer contato com a nave.

"Uma vez que fizermos isso, estaremos, de fato, a caminho de Marte", explicou Braun.

[...]

Pouso

O local da chegada a Marte foi escolhido especialmente por ter mais chance de encontrar indícios de vida. A cratera Jezero foi um lago bilhões de anos atrás e contém um depósito rico em argila. O nome significa, inclusive, "lago" em diferentes línguas, como tcheco e esloveno.

As amostras coletadas em solo retornarão, no entanto, em uma missão futura. Os instrumentos irão empacotar as rochas em pedaços do tamanho de um giz e colocá-los em tubos. Uma parceria da Nasa e da Agência Espacial Europeia (ESA) trará o material de volta para análise dos cientistas na Terra, com equipamentos de maior capacidade para investigação científica.

Geologia e oxigênio

Os instrumentos enviados também precisam abrir espaço para a chegada do homem ao planeta vermelho. Será acoplado o Ingenuity junto ao Perseverance, um helicóptero de 1,8 kg com hélices que giram cerca de 8 vezes mais rápido do que um helicóptero comum.

O terreno será fotografado como nunca no planeta — são 19 câmeras — para trazer informações sobre o clima e a geologia de Marte. O instrumento MOXIE deverá produzir oxigênio com base na atmosfera de dióxido de carbono. Essa conversão será um dos passos para conseguir levar astronautas em uma missão tripulada no futuro. Além disso, outras missões para a Lua deverão "preparar o caminho" para conseguir chegar lá.

(Disponível em: https://g1.globo.com/ciencia-e-saude/noticia/2020/07/30/robo-da-nasa-parte-em-missao-para-marte-em-busca-de-vida-em-local-que-ja-foi-um-lago-ha-bilhoes-de-anos.ghtml. Acesso em: 26/10/2020.)

1 A Administração Nacional da Aeronáutica e Espaço (Nasa), em parceria com a Agência Espacial Europeia (ESA), faz uma investigação científica em Marte. Qual é a finalidade dessa missão?

2 O robô Perseverance, da Nasa, partiu da Estação da Força Aérea de Cabo Canaveral, na Flórida, em direção ao planeta Marte.

a) Qual foi o critério para a escolha do local do pouso em Marte? Por quê?

b) Que ações serão feitas no local?

3 No futuro, pretende-se enviar astronautas com tripulação humana.

a) O que hoje impede o ser humano de habitar o planeta vermelho?

b) Qual é a tecnologia planejada para resolver o problema?

4 Compare o relato de Amyr Klink com o texto do robô Perseverance.

a) O que há em comum entre eles?

b) O que há de diferente entre eles?

5 Qual das viagens você considera mais emocionante e arriscada: a de Amyr Klink ou a dos humanos a Marte? Por quê?

Exercícios

Leia a tira a seguir e responda às questões 1 a 3.

(Disponível em: https://tirasarmandinho.tumblr.com/. Acesso em: 26/10/2020.)

1. O pai de Armandinho se refere a "memórias" como:
   a) um lugar de lembranças de fatos que ocorrem no dia a dia.
   b) um local em que estão guardados conhecimentos e experiências provenientes de outras pessoas.
   c) lembranças de pessoas que conhecemos no decorrer dos anos.
   d) informações coletadas e arquivadas de lugares para pesquisa.

2. A palavra **viajar** foi empregada na tira com sentido figurado e equivale a:
   a) ir de um lugar a outro.
   b) explorar pela imaginação.
   c) recordar experiências alheias.
   d) compartilhar suas experiências com outras pessoas.

3. De acordo com o último quadrinho, as pessoas podem conhecer a si próprias quando:
   a) buscam, na memória, recordações de experiências vividas.
   b) por meio de livros, conhecem lugares diferentes.
   c) relacionam-se com outras pessoas de todo o mundo.
   d) por meio de experiências de outros, registradas em livros, refletem sobre a própria vida.

Leia o texto a seguir e responda às questões 4 a 13.

5 dicas para arrumar as malas sem sofrimento

Vai viajar? Selecionamos alguns passos para organizar a mala, da lista do que levar ao tipo de mala, para não ter estresse

1. Malas

A primeira decisão é sobre que mala levar. O modelo de rodinha é a opção mais acertada para quem vai viajar de avião, já que são mais estruturadas e, por isso, protegem melhor as roupas e os objetos frágeis. As malas de carregar, em geral menores que as de rodinha, são ideais para as viagens informais. Nesse caso, é importante ser bem seletivo nas escolhas, afinal ninguém quer carregar peso à toa. Lembre-se de optar pelo tamanho da sua necessidade — se a mala for muito grande para a quantidade de peças, por exemplo, na hora de carregar vai bagunçar tudo que estiver dentro. Se a opção for mochila, pense bem nas peças que pretende levar, porque, além de o espaço ser menor, dependendo do tipo de viagem, será um peso que irá carregar.

Billion Photos/Shutterstock

[...]

2. Lista

Ajuda bastante fazer uma lista dos itens que pretende levar, assim facilita na hora de colocá-los na mala sem esquecer nada e ainda você pode se surpreender ao descobrir que nem tudo ali é necessário. Uma boa dica é separar os objetos por categorias: higiene pessoal, remédios, acessórios, sapatos, maquiagem, roupas de praia, roupas íntimas, roupas de passeio etc. Na internet é possível descobrir listas prontas para servir de modelo.

3. O que levar

Se vai aproveitar a praia ou mesmo chácaras e hotéis no interior, considere que ficará a maior parte do tempo de roupa de banho e chinelo. Pense nisso antes de entupir a mala de calças e sapatos de salto alto. Reserve espaço para peças mais elegantes apenas se houver possibilidade de ir a algum evento que exija um ***dress code*** específico. Do contrário, não exagere na montagem dos looks. A dica é priorizar peças curingas, como camiseta branca e calça jeans, além de cores neutras e itens que combinem entre si.

[...]

4. Como levar

O erro mais comum que as pessoas cometem antes de viajar é tirar as peças do armário e já colocar direto dentro da mala. Antes de mais nada, separe tudo. Leve em conta quantos dias de viagem serão, quais roupas combinam entre si etc. Na sequência, faça uma segunda triagem: veja se não está exagerando na quantidade de alguma peça ou levando menos do que o necessário de outra. Com tudo separado, é hora de organizar a mala. Alguns truques ajudam a distribuir bem as roupas e não amassá-las muito durante a viagem.

Primeiro as calças: coloque-as esticadas no fundo. Não dobre ao meio. Parte das pernas deve ficar para fora da mala mesmo. Só depois de acomodar tudo na bagagem é que a calça será dobrada sobre as demais peças. A segunda etapa é colocar shorts e bermudas. Na sequência, é hora de acomodar os vestidos. Assim como as calças, deixe uma parte fora e só dobre sobre as demais peças quando for fechar a mala. Isso evita que eles amassem muito. Já as camisetas e blusas devem ser colocadas em cantos e espaços vazios.

[...]

5. Leve uma mala de mão

Se você vai viajar de avião, pense em levar uma bolsa de mão para aqueles acessórios delicados, como acessórios, maquiagem e afins, ou mesmo para os eletrônicos (laptop, carregadores e cabos). Além disso, é recomendável colocar algumas peças essenciais de roupa (camiseta, calça e roupa íntima) para o caso de sua mala ser extraviada e demorar a recuperá-la.

personal organizer Carol Rosa

(Disponível em: https://revistacasaejardim.globo.com/Casa-e-Jardim/Viagem/noticia/2019/12/5-dicas-para-arrumar-malas-sem-sofrimento.html. Acesso em: 26/10/2020.)

dress code: código de vestimenta adotado em certos ambientes corporativos, sociais, religiosos, etc., o qual regula o que é menos ou mais apropriado às situações.

Billion Photos/Shutterstock

4. O tema central do texto é/são:

a) os erros cometidos pelos viajantes.

b) como organizar uma mala de viagem.

c) o sofrimento de arrumar malas de viagem.

d) malas extraviadas durante a viagem.

5. A finalidade principal do texto é:

a) advertir o viajante sobre os problemas relacionados às viagens em geral.

b) instruir o viajante sobre como organizar a mala para uma viagem.

c) comentar como as pessoas, em geral, organizam a mala, antes de viajar.

d) aconselhar o viajante a não levar muitas coisas.

6. O texto foi organizado em cinco partes:

a) pois cada uma trata de uma etapa necessária para organizar bem uma mala.

b) pois cada uma trata de um objeto que não pode ser esquecido numa mala de viagem.

c) sem que haja obrigatoriedade de seguir cada etapa numa determinada sequência.

d) porém apenas as duas últimas são realmente importantes para o sucesso da organização de uma mala de viagem.

7• Algumas palavras estão grifadas e escritas em outra cor porque se trata de:

a) termos importantes, que são destacados no texto.

b) *hyperlinks*, que explicam o próprio texto, possibilitando ao leitor melhor entendimento sobre o conteúdo.

c) *hyperlinks*, que ampliam o assunto em questão, direcionando o leitor para outros *links* afins.

d) *links* de pouca importância, mas que são oferecidos ao leitor caso ele queira pesquisar.

8• De maneira geral, quanto às roupas, a dica é apostar:

a) na praticidade, nas peças coringa, em cores básicas e na quantidade adequada ao tempo de viagem.

b) em muitas roupas, para diferentes situações, com diversidade de cores e modelos.

c) numa quantidade mínima, a fim de que a mala não fique pesada.

d) na precaução, ou seja, o viajante deve imaginar o que vai acontecer na viagem e levar tudo o que for necessário.

9• A dica de levar uma bolsa de mão, com algumas peças de roupa, para o caso de a mala extraviar é:

a) uma medida inútil, pois, quando há extravio de mala, recupera-se logo.

b) desnecessário, pois já há uma mala com todos os pertences.

c) cuidado excessivo, uma vez que o seguro cobre todos os prejuízos.

d) uma medida preventiva, considerando que pode demorar para a mala ser recuperada.

Releia este trecho:

"Primeiro as calças: coloque-as esticadas no fundo. Não dobre ao meio. Parte das pernas deve ficar para fora da mala mesmo. Só depois de acomodar tudo na bagagem é que a calça será dobrada sobre as demais peças. A segunda etapa é colocar shorts e bermudas. Na sequência, é hora de acomodar os vestidos. Assim como as calças, deixe uma parte fora e só dobre sobre as demais peças quando for fechar a mala. Isso evita que eles amassem muito. Já as camisetas e blusas devem ser colocadas em cantos e espaços vazios."

10• As palavras ou expressões que constroem a noção de sequência ou ordem no texto são:

a) Não dobre, acomodar tudo, demais peças, espaços vazios.

b) calças, *shorts*, bermudas, calças.

c) Primeiro, Só depois, A segunda, Na sequência.

d) dobre, acomodar, fechar, amassem, colocadas.

11 • Formas verbais como **lembre-se**, **pense**, **coloque**, **considere**, entre outras:

a) estão no modo imperativo e expressam ordem.

b) estão no modo imperativo e expressam aconselhamento.

c) estão no modo indicativo e expressam a noção de sugestão.

d) estão no modo indicativo e expressam a noção de possibilidade.

12 • As dicas dadas na matéria jornalística voltam-se para o público:

a) principalmente masculino, conforme o emprego de palavras como **calças**, ***shorts*** e **bermudas**.

b) masculino e feminino, tendo em vista o emprego de palavras como ***shorts***, **bermudas**, **vestidos** e **maiôs**.

c) feminino, tendo em vista a presença de palavras e expressões como **vestidos**, **maiôs**, **sapatos de salto alto**, entre outras.

d) feminino, conforme o emprego de palavras e expressões como **higiene pessoal**, **remédios**, **acessórios** e **sapatos**.

13 • A linguagem do texto caracteriza-se como:

a) de acordo com a norma-padrão, com certo tom de formalidade, conforme o emprego da expressão ***dress code***.

b) de acordo com a norma-padrão, tendendo à informalidade, conforme o emprego de expressões como **vai bagunçar tudo** e **entupir a mala de calças**.

c) uma variedade linguística regional, com o emprego de gírias e expressões locais.

d) objetiva e didática, como é próprio de textos de caráter científico, que visam à transmissão de conhecimentos.

Leia o texto a seguir e responda às questões 14 e 15.

Um turista parou para abastecer à beira da estrada e foi abordado pelo funcionário do posto:

— O senhor é a última pessoa que vai pagar o preço antigo. De agora em diante, aqueles que chegarem vão pagar o preço novo.

Animado, o turista mandou encher o tanque e, depois de pagar, perguntou:

— E para quanto subiu o combustível?

— Não subiu não, desceu 10%!

(Disponível em: https://www.selecoes.com.br/humor/piadas-de-viagem/. Acesso em: 26/10/2020.)

14. Pelas características do texto, pode-se inferir que se trata de:

a) um relato. b) uma notícia. c) um diário. d) uma anedota.

15. O humor do texto está no fato de o:

a) funcionário advertir o turista sobre o preço do combustível.

b) turista supor que a gasolina fosse subir e ter enchido o tanque.

c) funcionário avisar que a gasolina iria subir.

d) turista ter se animado e enchido o tanque de gasolina.

Leia o texto a seguir e responda às questões 16 a 18.

(Disponível em: https://rotadeferias.com.br/como-fazer-um-roteiro-de-viagem/. Acesso em: 26/10/2020.)

16• A finalidade do texto é:

a) convencer o turista a criar um roteiro de férias.

b) advertir o turista sobre problemas que ocorrem numa viagem.

c) orientar os turistas sobre como criar um roteiro de viagem.

d) descrever ao turista as várias etapas de uma viagem.

17• Depreende-se do texto que é importante conversar com quem já viajou para o lugar escolhido porque:

a) assim, a viagem fica mais animada.

b) provavelmente, o turista interessado ficará mais motivado para viajar.

c) o turista poderá comparar a opinião da pessoa que já visitou o lugar com a sua própria opinião.

d) o turista poderá pegar dicas e avaliar os aspectos positivos e negativos da viagem.

18• Segundo o roteiro, é fundamental observar como são as estações do ano no local escolhido porque:

a) em alguns lugares podem ocorrer fenômenos naturais inconvenientes.

b) algumas estações do ano são desagradáveis para viajar.

c) algumas companhias aéreas estão com as passagens esgotadas.

d) o turista poderá ter problema para se comunicar do exterior.

Leia o texto a seguir.

Ao
[...]

ATT: Departamento de Relacionamento ao Cliente

Assunto: Reclamação de atendimento de viagem

Prezados Senhores
Fiz a compra de um pacote pelo site.

Estou a pouco menos de 36 horas da viagem e não consigo imprimir o voucher pelo site, mesmo dizendo que o voo e a reserva do hotel estão confirmados. No aplicativo ainda consta pendente. No site, as informações já estão mais atualizadas. Mesmo assim, quando tento imprimir o voucher, dá erro. Já fiz contato com a empresa diversas vezes e pediram pra aguardar que estariam enviando o voucher. Meu voo é as 06:05 da manhã de sábado, 22/08/2020. Esse horário não tem nenhum tipo de suporte. Vou esperar até quando?

Me dirigi até a loja física. Fui informado que lá não poderia ser feito nada, que a loja não tem acesso a pedidos feitos on-line. Ainda acrescentou que o suporte para esse tipo de compra é péssimo.

Espero uma solução o quanto antes, pois caso tenha qualquer tipo de problema ou constrangimento por conta disso, vou tomar todas as medidas cabíveis.

Sendo o que se apresenta para o momento, desde já agradecendo sua atenção, e no aguardo de seu breve retorno.

(Disponível em: https://www.reclameaqui.com.br/cvc-turismo/reclamacao_puith7Maf52X-efQ/. Acesso em: 27/10/2020.)

19. Pelas características do texto, trata-se de:

a) um diário pessoal.

b) uma carta de reclamação.

c) um formulário empresarial.

d) um requerimento oficial.

20. O *voucher* do voo não pôde ser impresso pelo remetente da carta. Qual pode ser a consequência desse fato para o viajante?

a) Ele pode perder o voo por não ter comprovante para ingressar no avião.

b) Ele poderá viajar para um destino diferente daquele que pretendia.

c) Ele deve pedir o dinheiro de volta.

d) Ele perderá a viagem e o dinheiro gasto.

21. O remetente da carta não consegue resolver o problema porque:

a) está a pouco menos de 36 horas do voo e o prazo para obter o *voucher* está vencido.

b) o voo já está encerrado e ele ainda não tem o *voucher*.

c) além de haver falha no *site*, a loja física não resolve problemas da loja *on-line*.

d) a loja *on-line* vendeu um bilhete sem validade.

22. Observe a frase:

"**Ainda** acrescentou que o suporte para esse tipo de compra é péssimo."

O uso da palavra **ainda**, no contexto, demonstra que ele está:

a) exausto de escutar recusas da companhia aérea.

b) indignado com a resposta da atendente da loja.

c) contente, pois sua reclamação foi acolhida.

d) desesperado, porque vai perder o voo.

23. Além de expor suas razões, o remetente da carta apresenta um argumento que, na visão dele, pode ser bastante persuasivo. Qual é o argumento?

a) "Fui informado que lá não poderia ser feito nada, [...]"

b) "[...] vou tomar todas as medidas cabíveis."

c) "Esse horário não tem nenhum tipo de suporte."

d) "Vou esperar até quando?"

Capítulo 7

Arte e sensibilidade

A palavra **arte** origina-se do latim (*ars*, *artis*) e significa maneira de ser ou de agir, habilidade natural ou adquirida, conhecimento técnico. Mas o que é a arte para você? Qual é o papel da arte e do artista no mundo em que vivemos? Em que medida a arte pode representar, interferir e transformar a realidade?

Leia, a seguir, parte do primeiro capítulo da obra *Da minha terra à Terra*, de Sebastião Salgado, um fotógrafo brasileiro conhecido internacionalmente.

1. Para começar: "Gênesis"

Quem não gosta de esperar não pode ser fotógrafo. Em 2004 cheguei à ilha Isabela, em Galápagos, aos pés de um belíssimo vulcão chamado Alcedo. Deparei-me com uma tartaruga gigante, enorme, de no mínimo duzentos quilos, da espécie que deu nome ao arquipélago. Cada vez que me aproximava, a tartaruga se afastava. Ela não era rápida, mas eu não conseguia fotografá-la. Então refleti e pensei comigo mesmo: quando fotografo seres humanos, nunca chego de surpresa ou incógnito a um grupo, sempre me apresento. Depois me dirijo às pessoas, explico, converso e, aos poucos, nos conhecemos. Percebi que, da mesma forma, o único meio de conseguir fotografar aquela tartaruga seria conhecendo-a; eu precisava me adaptar a ela. Então me fiz tartaruga: fiquei agachado e comecei a caminhar na mesma altura que ela, com palmas e joelhos no chão. A tartaruga parou de fugir. E quando se deteve, fiz um

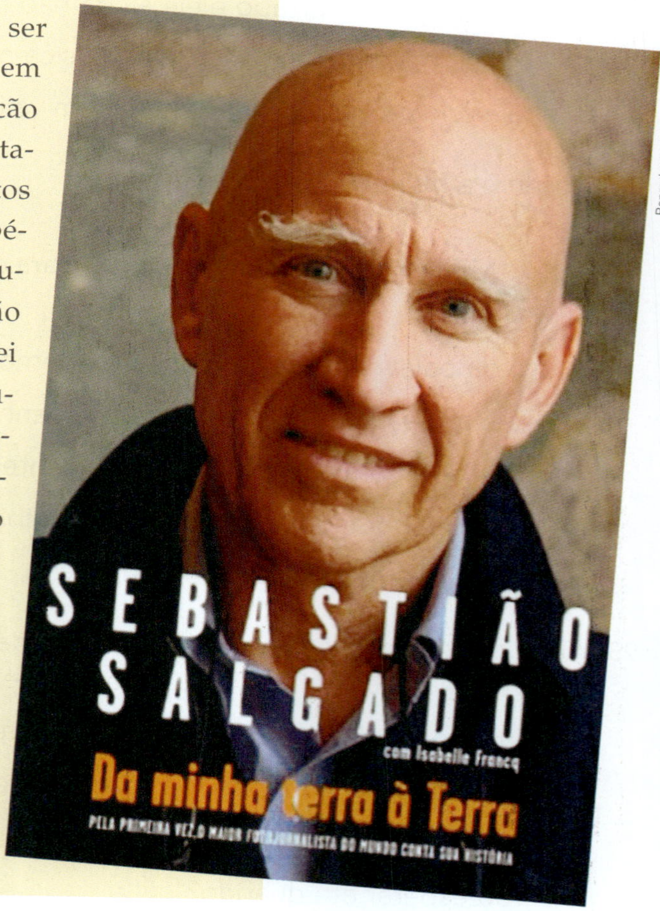

Reprodução/Editora Paralela

movimento para trás. Ela avançou na minha direção, eu recuei. Esperei um momento e depois me aproximei, um pouco, devagar. A tartaruga deu mais um passo na minha direção e, imediatamente, dei mais alguns para trás. Então ela veio até mim e se deixou observar tranquilamente. Foi quando pude começar a fotografá-la.

Levei um dia inteiro para me aproximar dessa tartaruga. Um dia inteiro para fazê-la compreender que eu respeitava seu território.

Produzi algumas histórias fotográficas ao longo da minha vida, sobre a nossa época e as transformações de nosso mundo. Sempre levei vários anos para construí-las. Muitos dizem que os fotógrafos são caçadores de imagens. É verdade, somos como os caçadores que passam muito tempo à espreita da caça, esperando que ela decida sair do seu esconderijo. Fotografar é a mesma coisa: é preciso ter paciência para esperar o que vai acontecer. Pois algo vai acontecer, necessariamente. Na maioria dos casos, não há como acelerar os fatos. É preciso descobrir o prazer da paciência.

Antes de "Gênesis", eu havia fotografado uma única espécie: o homem. Para esse projeto que dediquei à natureza intocada, ao longo dos oito anos em que viajei pelo mundo, precisei aprender a trabalhar com outras espécies. Desde o primeiro dia da primeira reportagem, graças à tartaruga gigante, compreendi que para fotografar um animal é preciso amá-lo, sentir prazer em contemplar sua beleza, seus contornos. É preciso respeitá-lo, preservar seu espaço e seu conforto ao se aproximar, observá-lo e fotografá-lo. Partindo desse princípio, pude trabalhar com os outros animais da mesma forma como trabalho com os homens.

[...]

Não realizei essas reportagens à maneira de um zoólogo ou de um jornalista, realizei-as para mim mesmo. Para descobrir o planeta. E delas obtive um prazer imenso. Com seus minerais, seus vegetais, seus animais, nosso planeta está vivo em todos os níveis. Compreendi que isso exige de nossa parte um respeito enorme.

(Sebastião Salgado e Isabelle Francq. *Da minha terra à Terra*. São Paulo: Paralela, 2014. p. 9-14.)

1. O primeiro capítulo do livro de Sebastião Salgado recebe o nome "Para começar: 'Gênesis'", que é também o nome de um de seus projetos e de um livro com as fotos desse projeto. A palavra **gênesis** origina-se do grego e significa **origem**, **criação**, **princípio**. *Gênesis* também é o primeiro livro da Bíblia.

a) Em que ilha se deu o fato narrado nesse capítulo?

b) Levante hipóteses: Por que Sebastião Salgado iniciou seu relato com o capítulo "Gênesis"?

2. Segundo o texto, antes de "Gênesis", o fotógrafo tinha fotografado uma única espécie: o homem.

a) Que estratégia ele utilizava para fotografar as pessoas?

b) Que novo aprendizado teve ao fotografar a tartaruga gigante da ilha Isabela?

c) Qual foi a mensagem corporal que o fotógrafo passou para o animal quando se colocou de joelhos no chão?

Ina Fassbender/AFP

Sebastião Salgado e sua esposa, Lélia.

QUEM É SEBASTIÃO SALGADO?

Sebastião Salgado nasceu em 1944 em Aimoré, Minas Gerais. Estudou Economia no Espírito Santo e doutorou-se na mesma área de estudos em Paris.

Inicialmente, começou a fotografar como *hobby* em suas viagens pela África. Depois, profissionalizou-se e ganhou vários prêmios, tornando-se o mais conceituado fotógrafo brasileiro no exterior.

O seu trabalho organiza-se em torno de projetos que desenvolve fotografando no Brasil e no mundo. Entre eles, destaca-se a obra *Terra*, na qual retrata o problema da questão agrária no Brasil; *Êxodos*, na qual retrata os movimentos migratórios no mundo; e *Gênesis*, em que fotografa partes do planeta quase totalmente inexploradas pelo ser humano.

Capítulo 7

3. Sebastião Salgado faz uma comparação entre o seu trabalho e o de um caçador.

a) Em que se assemelham?

b) Explique qual é o sentido, para um fotógrafo, da frase "É preciso descobrir o prazer da paciência".

4. Sebastião Salgado comenta que não realizou o trabalho à maneira de um zoólogo ou de um jornalista, mas o fez para si mesmo: "Para descobrir o planeta".

a) Como ele entende o trabalho de um zoólogo ou de um jornalista?

b) Que tipo de trabalho Salgado se propôs a fazer com esse projeto?

c) O que essa experiência em Galápagos proporcionou ao fotógrafo?

5. E você? Já viajou para algum lugar preservado, natural? Se sim, conte para o professor e os colegas como foi a experiência e quais foram suas impressões e seus sentimentos em relação ao lugar.

Palavras em contexto

1 Por que a palavra **gênesis** foi colocada entre aspas no texto?

2 Releia a frase:

> "[...] nunca chego de surpresa ou **incógnito** a um grupo, [...]"

No contexto, qual é o sentido da palavra em destaque?

3 Releia o trecho:

> "Produzi algumas histórias fotográficas ao longo da minha vida, sobre a nossa época e as transformações do nosso mundo. Sempre levei vários anos para concluí-**las**."

No contexto, o pronome oblíquo **-las** se refere a:

( ) histórias fotográficas.

( ) vários anos

( ) transformações.

( ) nossa época e as transformações do nosso mundo.

4 Releia o trecho:

> "[...] fotógrafos são caçadores de imagens [...] somos como caçadores que passam muito tempo à espreita da caça, esperando que ela decida sair de seu esconderijo."

Ao comparar o fotógrafo ao caçador, o autor faz uso de duas figuras de linguagem. Identifique-as.

Texto e intertexto

Nesta seção, você vai conhecer três textos. O primeiro é uma fotografia do fotógrafo e etnólogo francês Pierre Verger, que viveu muitos anos na Bahia. O segundo é uma pintura de Carybé, pintor argentino que também viveu na Bahia e foi contemporâneo de Verger. O terceiro é um texto do jornalista baiano José de Jesus Barreto.

Texto 1

Foto Pierre Verger/©Fundação Pierre Verger.

(Foto de Pierre Verger. *In*: Carybé, Verger e Caymmi. *Mar da Bahia*. Salvador: Fundação Pierre Verger. Solisluna Design Editora, 2009. p. 49.)

1 Repare nos personagens que aparecem na fotografia.

a) Quem são e como são fisicamente?

b) Como são suas roupas e calçados?

c) Considerando como estão vestidos e a luminosidade da foto, deduza: Faz calor ou frio?

2 Observe os elementos do local retratado e levante hipóteses:

a) Onde eles estão?

____

____

b) Levante hipóteses: O que estão fazendo? Se necessário, veja o **texto 2**.

____

____

____

____

c) Qual deve ser a atividade profissional deles?

____

d) Trata-se de uma atividade individual ou coletiva? Por quê?

____

____

____

3 Observe a expressão facial e corporal dos homens. O que demonstram a expressão facial e a simetria dos corpos?

____

____

4 De todos os personagens da foto, apenas um tem o olhar desviado. Levante hipóteses: O que pode ter chamado a atenção dele?

____

____

5 Compare o texto de Sebastião Salgado à fotografia de Pierre Verger. Responda oralmente.

a) Levante hipóteses:

- Como Verger se aproximou dos pescadores?
- Você acha que Verger foi paciente e esperou o melhor momento para fotografar o grupo de pescadores?
- O território dos pescadores foi preservado e respeitado? Por quê?

b) Você considera que tanto no relato de Sebastião Salgado quanto na fotografia de Verger há a presença de valores humanos? Por quê?

c) Trabalhos como o de Sebastião Salgado e Pierre Verger podem ser considerados arte? Por quê?

Texto 2

Carybé/Coleção particular

(Carybé. *In*: Carybé, Verger e Caymmi. *Mar da Bahia*, cit., p. 60-61.)

Texto 3

"Carybé e Verger eram fascinados pelo grande espetáculo da pesca do *xaréu*, que acontecia com frequência (hoje é raro) nas praias do norte da cidade [Salvador], no trecho entre Amaralina e Itapuã, geralmente pela manhã ou ao entardecer. Juntava muita gente, ajudando na puxada da rede, com interesse na partilha dos peixes miúdos que vinham no arrasto, ou até mesmo para apreciar o ritual na beira do mar: o balé dos homens no compasso dos cantos, no ritmo das passadas na areia fofa, puxando a imensa rede pesada de sargaço e peixes de todo o tamanho."

(José de Jesus Barreto. *In*: Carybé, Verger e Caymmi. *Mar da Bahia*, cit. p. 48.)

6 Que semelhanças existem entre a fotografia de Verger e a pintura de Carybé?

7 A respeito do texto que comenta a arte de Carybé e Verger, explique, considerando o contexto, o sentido das palavras:

a) balé:

b) ritual:

Exercícios

Você vai ler, a seguir, um gráfico e dois textos de crítica de internautas ao filme *A menina que roubava livros*, adaptado da obra de mesmo nome de Markus Zusak.

Texto 1

Alamy/Fotoarena

(Disponível em: http://www.adorocinema.com/filmes/filme-04237/criticas/espectadores/?page=2. Acesso em: 26/10/2020.)

Texto 2

Mais um drama tendo por fundo a II Guerra Mundial e o regime nazista na Alemanha. Um drama que se perde em nuances pouco profundas, com certo lirismo forçado e com linguagem com cara de minissérie global. Poderia ser assinada por Jayme Monjardim. A atriz é ótima, a reconstituição de época é ótima, mas é muita embalagem para pouca novidade. Mais um capítulo de povo sofrido durante a guerra e seus dramas e uma narração da morte que mais atrapalha que ajuda.

(*Idem*.)

Texto 3

Apesar de sempre haver uma preocupação com adaptações literárias, o filme consegue o mais difícil que é se manter fiel à essência dos personagens. No filme é possível ver e reconhecer cada personagem do livro. Há alterações de cenas e cortes, mas o filme consegue representar o livro. É uma adaptação belíssima que merece ser assistida tanto pelos que leram o livro como pelos que não.

(*Idem*.)

1. O objetivo do gráfico é:

a) revelar o ponto de vista das pessoas que assistiram ao filme.

b) incentivar as pessoas a assistir ao filme.

c) apresentar o resultado da opinião dos internautas a respeito do filme.

d) desmerecer o filme em virtude das críticas negativas que recebeu.

Capítulo 7

2. O recurso adotado no gráfico que permite visualizar a nota e o grau de satisfação do público é/são:

a) elogios ou críticas atribuídos ao filme.

b) o número de estrelas que o filme recebeu da maioria do público.

c) o número de internautas que escreveram sobre o filme.

d) as cores em amarelo.

3. A nota atribuída ao filme demonstra que ele:

a) foi considerado muito bom pela crítica.

b) foi considerado um filme ruim.

c) é bastante inferior ao livro.

d) está sendo indicado como o melhor filme adaptado sobre o tema.

4. Os dois comentários críticos sobre o filme demonstram:

a) opiniões positivas, pois ambos elogiam a semelhança do livro com o filme.

b) opiniões negativas, pois ambos não criticam o cenário e a atuação dos atores.

c) opiniões diferentes, pois um avalia positivamente o trabalho dos atores, e o outro avalia negativamente o roteiro.

d) opostas, já que a primeira considera o filme ruim, sem novidade, e o segundo, um filme ótimo, fiel ao livro.

5. Os comentários críticos sobre o filme *A menina que roubava livros* tomam por base:

a) fatos objetivos, pois o filme retrata a Segunda Guerra Mundial.

b) opiniões e impressões pessoais, positivas e negativas a respeito do filme.

c) fatos, pois o filme é baseado no livro *A menina que roubava livros*.

d) opiniões, pois há impressões pessoais sobre o regime nazista, na Alemanha.

Leia o texto a seguir sobre iniciação musical e responda às questões 6 a 10.

Como escolher então meu instrumento?

Em primeiro lugar: Qual o instrumento deseja aprender? Isso trará anseio para atingir o objetivo. Aquele instrumento que mais chama sua atenção. Aquele som que te leva à reflexão. Que atrai. Que mexe.

Em segundo lugar: O instrumento combina com sua fisiologia? Apenas um profissional poderá avaliar. Agende uma aula experimental, muitas instituições a oferecem com gratuidade. Ou solicite avaliação de uma coordenação pedagógica. A fisiologia pode ser um obstáculo.

stockphoto-graf/Shutterstock

Em terceiro lugar: Possuo a coordenação motora necessária para o instrumento que escolhi? O que preciso para desenvolvê-la? Procure uma boa escola de música. Um bom professor, especialista. E siga suas recomendações. Cada instrumento possui dificuldades em sua progressão, obstáculos que vencemos apenas escolhendo o caminho correto. O professor indicará o atalho. O resultado virá. Acredite! Mas a partir de uma progressão. O desenvolvimento do instrumentista se dá por repetição. Somos como atletas que dependem de condicionamento físico.

(Professor Mestre João Marcondes, *blog* da Faculdade de Música Souza Lima. Disponível em: https://souzalima.com.br/blog/qual-instrumento-musical-e-mais-facil-de-aprender/. Acesso em: 27/10/2020.)

6. Por suas características, pode-se inferir que se trata de um texto:

a) didático, pois explica como avaliar os instrumentos musicais.

b) operacional, pois indica passo a passo como tocar os instrumentos.

c) reflexivo, que leva o aluno a pensar sobre suas habilidades em relação a instrumentos musicais.

d) instrucional, pois orienta o leitor, passo a passo, a escolher um instrumento.

7. O interlocutor do texto são pessoas que:

a) gostam de escutar música clássica.

b) querem se tornar multi-instrumentistas.

c) têm interesse em aprender algum instrumento.

d) não têm a mínima noção de partituras musicais.

8. Na frase "[...] muitas instituições **a** oferecem com gratuidade.", o termo em destaque refere-se à:

a) fisiologia.

b) gratuidade.

c) aula experimental.

d) instituição.

9. O texto foi extraído de uma tradicional escola de música. Subentende-se que, por meio do texto, também há a intenção de:

a) ensinar como comprar instrumentos musicais na escola.

b) promover a escola, estimulando os alunos a aprender algum instrumento musical.

c) conhecer as habilidades dos alunos que já frequentam a escola.

d) debater sobre as dificuldades e progressões dos alunos no aprendizado de instrumentos musicais.

10. O texto é organizado em tópicos, cuja função, no texto, é:

a) tratar isoladamente de cada um dos aspectos básicos que devem ser levados em conta na hora da escolha do instrumento.

b) facilitar, ao leitor iniciante, o conteúdo complexo que envolve a escolha de um instrumento musical.

c) levar o leitor a escolher qual dos critérios atende melhor às suas características pessoais na hora de optar por um instrumento musical.

d) transmitir, de forma didática, conhecimentos a respeito do instrumento a ser escolhido.

Leia o texto a seguir e responda às questões 11 a 17.

Reprodução/Biblioteca Real de Turim, Itália.

Sabe quem foram os gênios das artes plásticas?

É um aficionado pelo mundo das artes? É daqueles que frequenta todos os museus, exposições e quer saber tudo por trás de cada peça? Quer descobrir cada detalhe da vida do criador das obras-primas que servem de colírio para os seus olhos?

Então chega junto, venha relembrar as biografias dos protagonistas que marcaram história nesse universo fascinante das artes plásticas.

1. Leonardo da Vinci (1452-1519)

Mona lisa (1507) é provavelmente o quadro mais simbólico (ou vá, pelo menos dos mais representativos) da pintura ocidental. A moça com sorriso misterioso que vem intrigando espectadores ao longo dos séculos foi criada pelo pintor italiano renascentista **Leonardo da Vinci**.

O nome artístico do pintor, aliás, tem uma explicação geográfica: Leonardo nasceu em uma aldeia pequena chamada Vinci, situada nos arredores de Florença. Já demonstrando desde pequeno interesse por pintura e ilustração, Leonardo aos dezesseis anos passou a trabalhar com o mestre Andrea del Verrocchio, um importante artista de Florença na época.

Reprodução/Museu do Louvre, Paris, França

Mona Lisa, de Leonardo da Vinci.

Da pequena e charmosa cidade italiana, o artista mudou para Milão, onde executou algumas grandes obras, como o célebre afresco *A Última Ceia* (1498). Além de artista plástico, o multifacetado da Vinci se interessava por criar tratados de anatomia e chegou a ser nomeado engenheiro da corte de Luís XII, tendo também executado projetos de engenharia militar.

Apesar de ter nascido na Itália, Leonardo faleceu na França, para onde se mudou depois da morte de Juliano de Médici.

Se quer saber mais sobre a vida desse gênio, experimente ler o artigo Leonardo da Vinci e suas obras: uma viagem pela vida do mestre.

[...]

(Disponível em: https://www.ebiografia.com/genios_artes_plasticas/. Acesso em: 27/10/2020.)

11. Por suas características, pode-se inferir que o texto é:

a) um relato de experiência.

b) uma bibliografia.

c) um comentário crítico sobre a vida do pintor.

d) uma biografia.

12. O texto apresenta uma linguagem:

a) de acordo com a norma-padrão, com marcas de formalidade no discurso.

b) de acordo com a norma-padrão, com marcas de informalidade no discurso.

c) em desacordo com a norma-padrão em vários aspectos, mas de acordo com a linguagem jovem.

d) em desacordo com a norma-padrão, mas com traços de formalidade no discurso.

13. As palavras e expressões que justificam sua resposta anterior são:

a) o multifacetado da Vinci, simbólico, representativos.

b) um aficionado, colírio para os seus olhos, chega junto.

c) o célebre afresco, executado projetos, interesse por pintura e ilustração.

d) Apesar de ter nascido na Itália, a vida desse gênio, nomeado engenheiro.

14. Observe a frase:

> "[...] que servem **de colírio** para os seus olhos?"

O termo destacado é metafórico e, no contexto, apresenta o sentido de:

a) bonito, agradável de olhar.

b) fácil compreensão.

c) difícil, desagradável.

d) o que acalma a ardência nos olhos.

15. Os itens a seguir apresentam **fatos.** Um, entretanto, apresenta uma **opinião.** Marque-o.

a) O nome artístico do pintor, aliás, tem uma explicação geográfica.

b) Apesar de ter nascido na Itália, Leonardo faleceu na França.

c) (ou vá, pelo menos dos mais representativos).

d) [...] aos dezesseis anos passou a trabalhar com o mestre Andrea del Verrocchio.

16• O autor do texto usa a expressão **multifacetado da Vinci**. No contexto, a palavra **multifacetado** apresenta o sentido de:

a) pessoa com várias faces.

b) versátil, que possui habilidades variadas.

c) pintor muito criativo, com diferentes estilos pictóricos.

d) artista que representa diferentes épocas.

17• Comprova sua resposta anterior o fato de o artista:

a) além de ser pintor, ter produzido tratados de anatomia e projetos de engenharia militar.

b) ter nascido e trabalhado na Itália, mas também por ter reunido uma importante experiência nas cortes francesas.

c) ter sido autor da *Mona Lisa*, obra que atravessou os séculos e ainda é a mais prestigiada atualmente.

d) ter demonstrado desde pequeno interesse por pintura e ilustração.

Sérgio Bastos, artista brasileiro paraense, utilizou lápis de cor, um material pouco utilizado por artistas profissionais, para produzir novas obras numa releitura da pandemia de 2020. Observe alguns quadros da galeria virtual do artista:

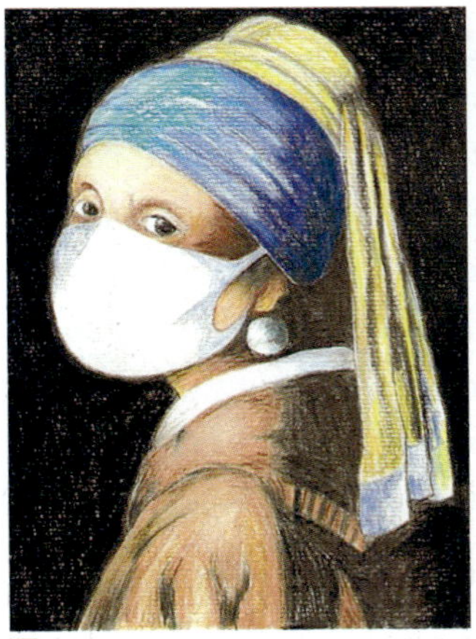

Releitura de *Moça com brinco de pérola* (1665), de Johannes Vermeer.

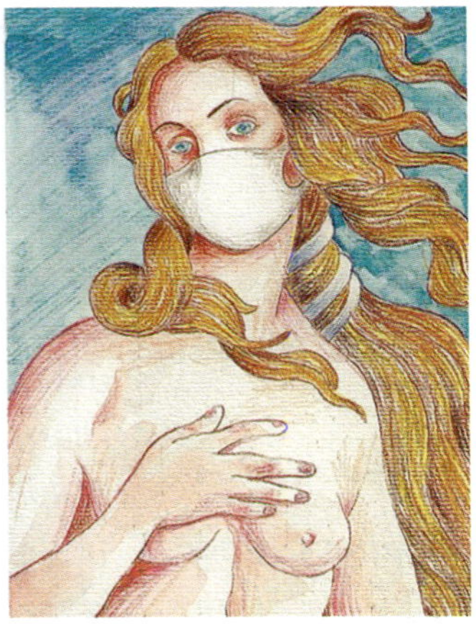

Releitura de *O nascimento de Vênus* (1483), de Sandro Botticelli.

Sérgio Bastos/Acervo do artista

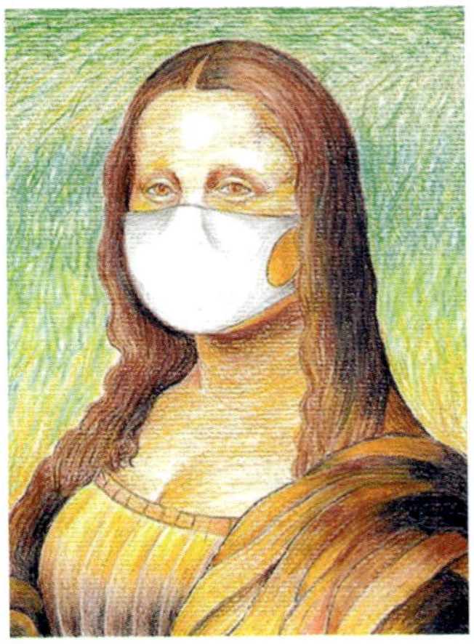

Releitura de *Mona Lisa* (1503-1506), de Leonardo da Vinci.

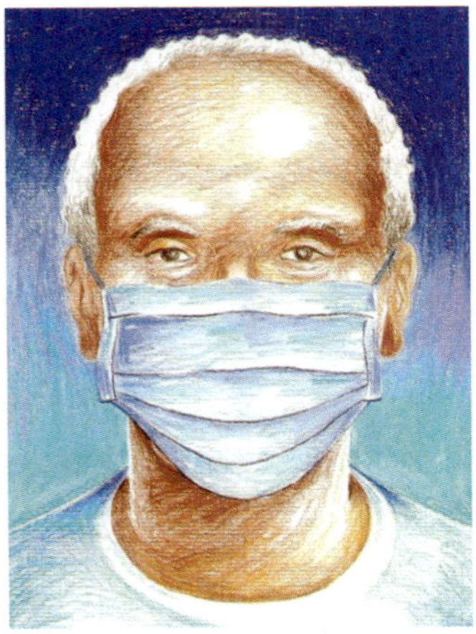

Releitura de *Autorretrato*, de Sérgio Bastos.

18• Os desenhos do artista paraense Sérgio Bastos:

a) imitam as pinturas de grandes artistas clássicos mundiais com um toque típico do norte do Brasil.

b) são uma cópia das grandes pinturas clássicas, atualizando-as com os materiais disponíveis hoje, como o lápis de cor.

c) são réplicas a lápis de artistas paraenses.

d) criam intertextualidade com as pinturas de grandes artistas, atualizando-as para um contexto contemporâneo.

Capítulo 8

O eu e o outro

O que caracteriza o bom relacionamento entre duas pessoas? Será a amizade e o companheirismo que há entre elas? Será o amor e o respeito que uma inspira à outra?

Você vai ler a seguir algumas cenas da peça *O encontro de Peloavesso e Pelodireito*, de Gabriela Rabelo.

cena 1

Peloavesso entra comendo um pedaço de pão. Pelo seu jeito de comer, percebe-se que o pão está muito gostoso e que ele está com bastante fome. Pelo outro lado do palco entra um cachorrinho. Peloavesso vê o cachorrinho e, com todo o cuidado, vai se aproximando dele.

PELOAVESSO Puxa, como você é bonitinho... (*O cachorro demostra ter gostado de Peloavesso: late, se roça nele, faz festa.*) Será que você tem dono? (*O cachorro balança a cabeça como quem diz que não tem. Peloavesso ri.*) Até parece que você me conhece... Você está com fome? Quer um pedaço de pão? (*Peloavesso dá um pedaço de pão ao cachorro.*) Pra onde você vai? (*O cachorro late e faz festa.*) Quer ficar comigo? (*O cachorro faz mais festa.*) Vamos no parquinho brincar? (*O cachorro late. Peloavesso sai correndo e o cachorro vai atrás.*)

David Martins

cena 2

Peloavesso e Pelodireito dão uma longa volta pelo palco e, de repente, param como se tivessem chegado ao parque.

PELOAVESSO Está vendo como aqui é bonito? Tem um monte de árvore, de brinquedo... E tem um monte de criança que vem brincar aqui. Sempre venho aqui, mas nunca tinha vindo com um amigo antes. *(Ele olha para Pelodireito, com emoção.)* Você é meu amigo, não é? *(Pelodireito late como se dissesse que sim.)* Que bom ter achado você. Eu não tenho família. Nós dois podíamos viver juntos... o que você acha? Vou te chamar de... Pelodireito. Gostou do nome? É, porque eu me chamo Peloavesso, e você, que é meu amigo, vai se chamar Pelodireito. Então, vamos brincar?

Eles rolam pelo palco, fazem várias brincadeiras.

PELOAVESSO Agora está na hora de ir embora. Daqui a pouco eles vão fechar o parque. Vem comigo. *(Pelodireito vai seguindo Peloavesso. Enquanto eles andam pelo palco, como se estivessem andando por ruas da cidade, Peloavesso vai conversando com o cachorrinho.)* Eu moro perto daqui, debaixo de um viaduto. Quando tem feira aqui perto, eu faço carreto... Às vezes ganho um dinheirinho... Tem um moço da padaria que sempre me dá pão. Agora, vou dividir o pão com você, assim você não fica com fome. Pronto, chegamos, é aqui. Gostou? *(Pelodireito demonstra que sim.)* Vou arrumar nossa cama.

Peloavesso começa a arrumar uns papelões e uns panos velhos que estavam num canto do palco. Ao fazer isso, ele fica de costas para Pelodireito que, num dado momento, olha para um lado, olha para o outro e se afasta, quase chegando a sair de cena, sem que Peloavesso perceba. Quando termina de arrumar a "cama", Peloavesso vira-se para conversar com o cachorrinho.

PELOAVESSO Pronto, acabei de arrumar nossa cama... Ué, onde é que você está?! *(Ele fica em pânico, olha à sua volta e vê que Pelodireito está se afastando.)* Pelodireito! *(Ele corre até o cachorro e o abraça, trazendo-o de volta pra perto da cama.)* Você estava indo embora? Será que você vai querer fugir? Mas não pode! E se um carro te pega? E se... Acho melhor deixar você bem amarradinho, enquanto eu durmo, que é pra você não fugir nem ninguém roubar você de mim. Amarro você nesta corda e amarro a outra ponta no meu braço. Assim, qualquer movimento, eu acordo e seguro você. Boa noite, Pelodireito. Agora, você é meu... só meu...

cena 3

Peloavesso dorme. Com os dentes, Pelodireito desfaz o laço que o prendia pela perna e foge. Um tempo. Peloavesso acorda, percebe que o cachorro não está lá com ele.

PELOAVESSO Não! Mas não é possível. Ele tava aqui amarradinho!... Onde foi parar o meu cachorro? Onde foi parar Pelodireito? (*Grita.*) Pelodireito! Pelodireito! Será que alguém roubou o meu cachorro?

Levanta-se e anda pelo palco, sempre chamando pelo cachorro.

[...]

(Gabriela Rabelo. *O jovem lê e faz teatro*. São Paulo: Mercuryo. p. 88-89.)

Nas cenas 4 e 5, Peloavesso procura seu cão pelas ruas quando conhece João, um menino que também está procurando um animal, no caso um gato que ele tinha encontrado na rua e o prendera com uma corda. Quando o menino dormiu, o gato desapareceu. Os dois meninos passam a procurar seus animais juntos. Na cena 6, eles conhecem Clarice, uma menina que também estava procurando seu cachorrinho desaparecido. Tal qual nos outros casos, o cão foi encontrado na rua, a menina o prendeu com uma corda e o animal desapareceu quando ela dormiu.

Leia a seguir as cenas 7 e 8, que formam o final da peça.

cena 7

Ouve-se uma gargalhada estrondosa. Os três se assustam. Num canto do palco, no meio de uma fumaça, surge uma velha que olha fixamente pra eles e dá outra gargalhada. Existe na velha, apesar de sua estranheza, algo de bondoso.

PELOAVESSO (*fazendo força pra criar coragem*) Boa tarde, dona.

VELHA Boa tarde, meu menino.

PELOAVESSO Meu nome não é menino. É Peloavesso. E estou procurando dois cachorros e um gato.

VELHA Dois cachorros e um gato?

David Martins

JOÃO É. A gente perdeu os nossos bichinhos e estamos procurando por eles.

VELHA (*dá uma risada e cantarola, sempre rindo. Como se fosse uma musiquinha*) Dois cachorros e um gato... Dois cachorros e um gato... Dois cachorros e um gato... (*Ri novamente.*) Vi muitos cachorros. E muitos gatos... e muitos pássaros... e muitas cobras... e muitos elefantes... e muitas onças... e muitos jacarés...

CLARICE Mas a gente não tá querendo muitos cachorros e gatos, não. A gente só quer os que são da gente.

VELHA Ah, quer dizer que vocês são donos de cachorros e gatos? (*Dá uma risada gostosa.*)

JOÃO É. Eu sou dono do gato Nicolau...

CLARICE Eu do cachorro Juvenal...

PELOAVESSO ... e eu, do cachorro Pelodireito.

VELHA (*sempre rindo*) Eu sei onde eles estão.

OS TRÊS A senhora sabe?

VELHA Sei. E se vocês me ajudarem a resolver um problema sério que tenho, ajudo vocês a achar esses bichos aí. Está combinado?

OS TRÊS Está combinado.

VELHA Vocês vão me ajudar a parar a água daquele rio que tem ali. (*Ela aponta na direção da plateia.*) Ele está nas minhas terras e eu quero...

PELOAVESSO Mas não dá pra parar água de rio!

VELHA Como não dá?

CLARICE Rio tem que andar sempre, dona. Senão, não é rio. É lago.

VELHA (*rindo*) Mas um rio não tem água?

CLARICE Tem. O rio tem água.

VELHA E um rio que está nas minhas terras é meu?

CLARICE É. O rio é da senhora.

VELHA E se a água do rio está nas minhas terras, elas não são minhas?

Os três se olham, sem entender onde a velha está querendo chegar.

JOÃO É... As águas são suas... Só que a senhora não pode parar a água do rio.

VELHA (*como se estivesse brava*) Como não posso parar?! Quer dizer então que essas águas não são minhas!...

JOÃO São só durante um tempinho... depois já não são mais.

VELHA (*com toda a bondade do mundo*) Se não posso ser dona um tempão de uma porção de água que nem tem sentimentos como os animais, como vocês chegam aqui falando que são donos de cachorros e gatos? Hein?

Os meninos se olham, sem saber o que responder.

VELHA Ninguém é dono de ninguém nem de nada neste mundo. Nós todos fazemos parte de um grande mistério, que é a vida. Mesmo que vocês amarrem um cachorro, um gato, prendam um passarinho, eles não serão de vocês. É uma coisa difícil de entender, mas um dia vocês acabarão entendendo. Agora podem ir, andem mais um pouco... Lá adiante há cães e gatos... (*Dá uma enorme gargalhada.*)

cena 8

Ouve-se um ruído estranho parecido com uma grande ventania. A luzes tremem. Como se tivessem sido varridos pelo vento, os quatro personagens rodopiam sobre si mesmos e vão saindo de cena, com exceção de Peloavesso que se dirige para o cantinho onde ficaram os papelões e os pedaços de pano. Ele se deita. No meio da confusão, Pelodireito entra em cena o mais imperceptível possível e se deita ao lado de Peloavesso. O ruído para. Peloavesso continua deitado, como se estivesse dormindo.

PELOAVESSO (*acordando*) Ah! Que sonho esquisito. (*Vê Pelodireito.*) Pelodireito! Você está aqui. Sonhei que você tinha sumido. (*Abraça o cachorro.*) Você é meu, não é? Só meu. (*Pega a corda e amarra Pelodireito pelo pescoço.*)

Ouve-se, em off, a voz da velha: "Ninguém é dono de ninguém nem de nada neste mundo".
Peloavesso olha o cachorro que, amoroso, roça nele. Peloavesso tira a corda do pescoço de Pelodireito. O cachorro feliz, corre, se afasta, depois volta pra perto de Peloavesso, brinca com ele.

PELOAVESSO É. Não sou seu dono... mas... você gosta de mim... não é mesmo? (*O cachorro late, feliz.*) Também gosto de você (*Peloavesso abraça o Pelodireito.*) Vamos pro parquinho? Vamos brincar?

Os dois saem correndo, uma música alegre toma conta da cena.

(*Idem*, p. 89-90.)

1 ▪ Os personagens de textos teatrais são classificados segundo sua importância. Os protagonistas são os personagens principais.

a) Quem são os protagonistas do texto lido?

____

b) Quem são os personagens secundários?

____

2 ▪ As ações de uma peça teatral ocorrem num determinado espaço e tempo.

a) Em que espaço se desenvolvem as ações dos personagens?

____

b) Qual é a relação entre o personagem Peloavesso e esse espaço?

____

____

c) Em quanto tempo acontecem os fatos narrados?

____

____

____

Reprodução/Acervo pessoal

QUEM É GABRIELA RABELO?

Gabriela Rabelo nasceu em 1943 em Belo Horizonte, MG, estudou teatro na Universidade Federal de Minas Gerais e, em São Paulo, na Escola de Artes Dramáticas.

Participou como atriz de diversas peças teatrais e atuou também no cinema e na TV, tendo recebido diversos prêmios por seu trabalho.

Como dramaturga, publicou as peças *Uma história pelo avesso e outras histórias*, *A obra-prima*, *A flor maior* e *O jovem lê e faz teatro*.

3 ▪ Qual é o tema central da peça teatral?

____

____

4 ▪ Nos gêneros narrativos ficcionais, como o conto, a crônica e o romance, sempre há um narrador que conta a história, seja como observador (em 3ª pessoa), seja como personagem (em 1ª pessoa).

a) No texto em estudo, há um narrador que conta a história?

____

b) No texto teatral, de que forma ficamos sabendo de detalhes como movimentação dos atores, gestos, expressão corporal, efeitos sonoros, iluminação, etc.?

____

____

____

5. Os textos narrativos em geral apresentam um **conflito**, isto é, um problema que o protagonista precisa resolver ou um objetivo que ele deseja alcançar. Qual é o conflito na peça em estudo?

6. As ações dos personagens normalmente levam a um **clímax**, ou seja, o momento em que o conflito é resolvido. Qual é o momento de clímax da peça?

7. O **desfecho** da peça teatral ocorre quando o conflito já foi resolvido e as ações voltam ao estágio inicial, sem tensão. Em que situação ocorre o desfecho da peça em estudo?

8. A experiência de ter perdido o cão mudou a relação do menino com o animal.

a) Como era essa relação quando ele adotou o Pelodireito?

b) O que a velha ensinou a Peloavesso?

c) O menino modificou seu ponto de vista depois de ter conhecido a velha? Por quê?

9. O aprendizado que Peloavesso teve com o cão também pode ser estendido ao relacionamento entre os seres humanos. O que o texto nos ensina sobre as relações humanas em geral?

10. Você tem algum animal de estimação? Se sim, como é a sua relação com ele? Conte para o professor e os colegas.

Palavras em contexto

1 Observe a estrutura do texto teatral e responda: Como ele é dividido?

2 Com a falta de narrador no texto teatral, as rubricas suprem as informações relativas a quem fala, a vestuário, ao cenário, à iluminação, aos efeitos sonoros, à movimentação dos atores, à gesticulação, à expressão corporal, ao estado de espírito, etc. No texto, o que indicam as rubricas a seguir ?

a) *Peloavesso entra comendo um pedaço de pão.*

b) *(Ele fica em pânico,* [...])

c) *Ouve-se uma gargalhada estrondosa.*

d) *(fazendo força pra criar coragem)*

e) *(assustado)*

f) *Ouve-se um ruído estranho* [...].

g) *As luzes tremem.*

h) PELOAVESSO

3 Observe este trecho do texto:

> "PELOAVESSO (*assustado*) Quer dizer que... bem... elas são e não são..."

a) Por que o nome do personagem Peloavesso está em letras maiúsculas?

b) O que indicam as reticências empregadas no trecho?

4 Leia este outro trecho:

> *"Quando termina de arrumar sua 'cama', Peloavesso vira-se para conversar com o cachorrinho."*

Por que o vocábulo **cama** foi escrito entre aspas?

____

____

5 O nome **Peloavesso** do personagem pode ser interpretado como:

a) o oposto ao lado direito, porque ele fazia tudo atrapalhado.

b) o oposto da sociedade, pois ele é um menino bondoso que quer o bem do cachorro.

c) o avesso da sociedade, ou seja, o lado desprotegido do ser humano que vive nas ruas da cidade.

d) o lado ruim e negativo do ser humano, pois ele queria dominar o cão.

6 Indique o efeito de sentido que o diminutivo tem nestes vocábulos:

a) bonitinho ____

b) dinheirinho ____

c) amarradinho ____

7 Na frase "**Ué**, onde é que você está?!", o que a expressão destacada exprime?

____

Texto e intertexto

Leia este texto:

Reprodução/Editora Salamandra

Mais um livro infantil sobre gatos? Sim e não.

Porque este é um livro sobre o Gatinho, escrito por um gatófilo muito especial: Ferreira Gullar.

Um gato chamado Gatinho é uma homenagem do poeta ao seu amigo de longa data, um verdadeiro cúmplice.

Você acha que Gullar é dono de Gatinho? Nada disso, quando se trata de amizade a ideia de posse é completamente ausente, não é mesmo? E, quando se é amigo, é preciso ser verdadeiro, ser companheiro, ser cúmplice. Um amigo defende o outro das mentiras, das malvadezas, dos mal-entendidos. É preciso ser amoroso! Ah, se Gatinho pudesse escrever sobre Ferreira Gullar...

Pascoal Soto

(Ferreira Gullar. *Um gato chamado Gatinho*. São Paulo: Salamandra, 2000.)

1 Pascoal Soto faz uma apresentação do livro do poeta Ferreira Gullar.

a) Por que o poeta é chamado de **gatófilo**?

b) A palavra **gatófilo** é um neologismo, ou seja, uma palavra inventada pelo autor do texto. Como ela foi inventada?

2 Por que Ferreira Gullar escreveu um livro para o seu gato?

3 Segundo o texto, como é a relação entre Ferreira Gullar e seu gato?

4 Pascoal Soto, no final do texto, escreve: "Ah, se Gatinho pudesse escrever sobre Ferreira Gullar...".

a) O que exprime a interjeição **Ah**?

b) Levante hipóteses: O que, provavelmente, Gatinho escreveria sobre seu amigo?

5 Compare o texto lido de *O encontro de Peloavesso e Pelodireito*, de Gabriela Rabelo, com a apresentação do livro *Um gato chamado Gatinho*, feita por Pascoal Soto. O que há em comum entre eles?

Exercícios

Observe esta pintura de Norman Rockwell:

(Disponível em: https://www.nrm.org/. Acesso em: 20/10/2020.)

1. Na pintura, aparecem três personagens. Considerando o uniforme do homem, equipamentos e objetos expostos sobre a mesa, deduza: Qual é a profissão dele e em que lugar, provavelmente, eles estão?

   a) Um médico da família; estão na casa do menino.

   b) Um farmacêutico; estão numa farmácia.

   c) Um veterinário; estão num consultório veterinário.

   d) Um pediatra; estão num consultório pediátrico.

2. O homem está:

   a) examinando o cão.

   b) acariciando o animal.

   c) vacinando o cachorro.

   d) admirando o cão.

3. A expressão facial do garoto parece demonstrar que ele está:

a) contente, pois estão cuidando do seu cão.

b) preocupado com o diagnóstico.

c) tranquilo, pois o cão não está doente.

d) triste porque está levando seu cão a um especialista.

4. O quadro pendurado na parede parece ser:

a) um quadro com pintura para decorar o ambiente.

b) um aviso de silêncio no local, comum aos consultórios e hospitais.

c) um receituário.

d) o diploma do veterinário, contendo informações sobre a sua formação profissional.

5. Tal qual se viu na peça *O encontro de Peloavesso* e *Pelodireito* e no texto sobre o livro de Ferreira Gullar, também se pode notar nessa pintura:

a) o desejo de possuir um animal de estimação.

b) a confiança e a cumplicidade entre um animal e o ser humano.

c) a humanização do animal, que é retratado como ser humano.

d) a relação entre o ser humano e um cão.

Leia o texto a seguir e responda às questões 6 a 12.

O leão e o rato

Estando o Leão dormindo, alguns Ratos brincavam em torno dele. Em dado momento, pularam em cima, acordando-o. O Leão pegou um deles com a intenção de matá-lo, mas como o Rato pedia insistentemente, acabou soltando-o. Passado pouco tempo, o Leão caiu em uma rede que os caçadores haviam armado, ficando preso apesar de suas forças. O Rato, sabendo do ocorrido, foi até a armadilha e com muito empenho começou a roer as cordas, até que, rompendo a armadilha, o Leão ficou livre, como recompensa pela misericórdia que tivera.

(Disponível em: http://www.dominiopublico.gov.br/download/texto/ea000378.pdf. Acesso em: 28/10/2020.)

Jean Galvão

6. Quanto ao gênero textual, pelas características do texto, pode-se inferir que se trata de:

a) uma lenda.
b) uma fábula.
c) uma crônica.
d) uma piada.

7. Além de entreter, o texto também tem a finalidade de:

a) criar humor.
b) criar suspense.
c) impressionar negativamente o leitor.
d) transmitir um ensinamento.

8. Esse gênero textual costuma apresentar no final uma **moral**, isto é, uma frase que sintetiza as ideias do texto. O texto em estudo não apresenta explicitamente a moral, mas ela poderia ser:

a) Uma boa ação ganha outra.
b) Deus ajuda quem cedo madruga.
c) Em muitas situações da vida, os inocentes pagam por crimes alheios.
d) Mais vale um pássaro na mão do que dois voando.

9. O texto lido demonstra que as pessoas devem ser:

a) desconfiadas, pois não se deve confiar em ninguém.
b) astutas, pois as pessoas sempre ajudam com segundas intenções.
c) solidárias entre si, pois ajudamos e podemos ser ajudados também.
d) generosas apenas com pessoas que conhecemos muito bem.

10. O texto apresenta-se:

a) como atemporal, pois não há um tempo definido e o tema e o enredo mostram-se válidos para todas as épocas.
b) com um tempo cronológico definido, conforme o emprego da expressão **algum tempo depois**.
c) com um tempo psicológico predominante, pois descreve os pensamentos e as emoções dos animais quando estão em perigo.
d) atemporal porque o fato não ocorreu na vida real, trata-se apenas de um tempo ficcional.

11. No texto, os animais são:

a) seres divinos que possuem características físicas semelhantes aos seres humanos.
b) personificados, ou seja, adquirem características psicológicas próprias dos seres humanos.
c) selvagens e irracionais, tal como ocorre na vida real.
d) idealizados, isto é, como os seres humanos gostariam que fossem, mas diferentes da realidade.

12. As relações existentes entre os animais podem ser consideradas uma representação da:

a) selva brasileira.
b) floresta tropical.
c) sociedade humana.
d) sociedade animal.

Leia o texto a seguir e responda às questões 13 a 15.

Inicia Campanha do Agasalho 2020

Com o tema "Mais do que nunca, é tempo de solidariedade", a campanha deste ano amplia formas de entrega de doações.

Reprodução/PROCERGS E SECOM/RS

Durante a pandemia, você pode doar para a Campanha do Agasalho em pontos de drive-thru, sem sair do seu carro.

(Disponível em: https://www.procergs.rs.gov.br/inicia-a-campanha-do-agasalho-2020. Acesso em: 28/10/2020.)

13. A imagem que associa a Campanha do Agasalho 2020 com a pandemia da covid-19 que ocorreu em 2020, é:

a) o uso obrigatório da máscara.

b) o tipo de roupa doada.

c) a diversidade étnica.

d) o coração vermelho.

14. A forma criada para receber as doações, sem risco de contaminação, foi criar pontos de:

a) coleta, sem obrigatoriedade das máscaras.

b) *drive-thru*, sem que a pessoa precise usar máscara.

c) *drive-thru*, sem que o doador precise sair do carro.

d) locais abertos e próximos aos *drive-thrus*.

15. Releia o lema da campanha:

> "Mais do que nunca, é tempo de solidariedade."

Ele reforça a ideia de que:

a) sempre deve haver solidariedade entre as pessoas.

b) nunca deve haver solidariedade entre as pessoas.

c) há época certa para haver solidariedade entre as pessoas.

d) há épocas em que a solidariedade se faz ainda mais necessária.

Leia o texto a seguir e responda às questões 16 e 17.

Nomes esquisitos

Dois amigos se encontram depois de muito tempo.

— Olá, Osvaldo, soube que você se casou! — comenta o primeiro.

— Já faz bastante tempo! Já tenho duas filhas!

— Que beleza! Como elas se chamam?

— A mais velha chama-se Coristina e a mais nova Novalgina. E você, já tem filhos?

— Tenho uma filha!

— E como ela se chama?

— Maria!

— Maria? Mas isso é nome de bolacha!

(Disponível em: https://www.maioresemelhores.com/melhores-piadas-curtas-para-morrer-de-rir/. Acesso em: 28/10/2020.)

Jean Galvão

16 • O texto tem por finalidade:

a) criar humor.

b) comentar de forma humorística sobre nomes estranhos.

c) alertar sobre a falta de bom senso dos pais ao atribuírem nomes aos filhos.

d) promover uma reflexão sobre a superficialidade das relações humanas no mundo contemporâneo.

17 • O uso do discurso direto (diálogos) no texto tem o efeito de sentido de:

a) demonstrar a falta de tempo que os amigos têm para conversar.

b) demonstrar como existem nomes estranhos.

c) representar o espanto dos amigos, em relação aos nomes dos filhos.

d) representar uma conversa rápida e informal entre amigos.

Leia o texto e responda às questões 18 a 20.

O cerco ao discurso de ódio

Mariana Mandelli
Coordenadora de comunicação do Instituto Palavra Aberta
SÃO PAULO

Ações recentes de grandes plataformas digitais têm conseguido, ao menos em parte, intimidar a disseminação de discurso de ódio e informações falsas nas redes. [...] No início deste mês, o Facebook retirou do ar uma série de contas e páginas em diversos países. A ação foi motivada, segundo a empresa, pelo comportamento desses perfis. Trocando em miúdos, tratava-se de um conjunto de usuários falsos e inautênticos que atuavam de maneira coordenada para ocultar quem de fato estava por trás das postagens.

[...]

No Brasil, foram removidas 35 contas, 14 páginas e um grupo no Facebook, além de mais 38 perfis no Instagram. Apesar do número aparentemente baixo, a audiência dessas páginas era de 883 mil pessoas somente no Facebook. No Instagram, as contas deletadas totalizavam cerca de 917 mil seguidores.

[...]

É importante lembrar que "discurso de ódio" se transformou em sinônimo de quaisquer comentários destrutivos e ataques personificados, [...].

(Disponível em: https://www1.folha.uol.com.br/educacao/2020/07/o-cerco-ao-discurso-de-odio.shtml?origin=folha. Acesso em: 28/10/2020.)

Visual Generation/Shutterstock

Capítulo 8

18. O assunto central do texto é:

a) a tentativa das plataformas digitais de eliminar contas que disseminam discursos de ódio.

b) o modo como o discurso de ódio tem se intensificado nas redes sociais.

c) a ação de usuários autênticos que atuavam de maneira coordenada para ocultar quem de fato estava por trás das postagens.

d) a interferência das plataformas digitais na liberdade de expressão dos internautas, seja em páginas do Facebook, seja em perfis do Instagram.

19. O texto define "discurso de ódio" como:

a) postagens falsas ou *fake news*, que visam beneficiar algumas pessoas.

b) comentários infundados, que visam destruir a imagem de pessoas.

c) informações incertas e inautênticas que têm o objetivo de virar notícia.

d) comentários verídicos de usuários falsos.

20. Os responsáveis pelos discursos de ódio que foram eliminados pelas plataformas digitais eram internautas:

a) do Facebook, que atacam usuários reais com claros objetivos políticos.

b) do mundo todo, que atuam no Brasil com o objetivo de prejudicar algumas pessoas.

c) falsos e inautênticos do mundo todo, com o objetivo de prejudicar alguns e beneficiar outros.

d) do Instagram, que atuam no Brasil com o objetivo de defender os interesses de um grupo específico.

Capítulo 9

Violência gera violência?

Na rua, no trânsito, na escola, no trabalho — em todo lugar vemos sinais de violência. Por que as pessoas são violentas? Como lidar com esse tipo de problema? Será que, para sobreviver, também temos de agir com violência?

No texto a seguir, Suzana Herculano-Houzel fala sobre as causas da violência de acordo com o ponto de vista da neurociência. Leia-o e responda às questões propostas.

Cérebro e violência

Há quem coloque toda a culpa na sociedade, que os negligencia e não lhes dá oportunidades. Há quem discorde e defenda que o problema são, essencialmente, os maus genes, "sangue ruim". O que causa o comportamento violento desses indivíduos que levam medo e sofrimento a tantas famílias? **Psicopatias** à parte — até onde se sabe causadas por variações genéticas ou lesões no cérebro —, a neurociência é de outra opinião: o comportamento violento resulta de uma combinação infeliz de predisposição genética e maus-tratos que modifica a maneira como o cérebro responde a ameaças.

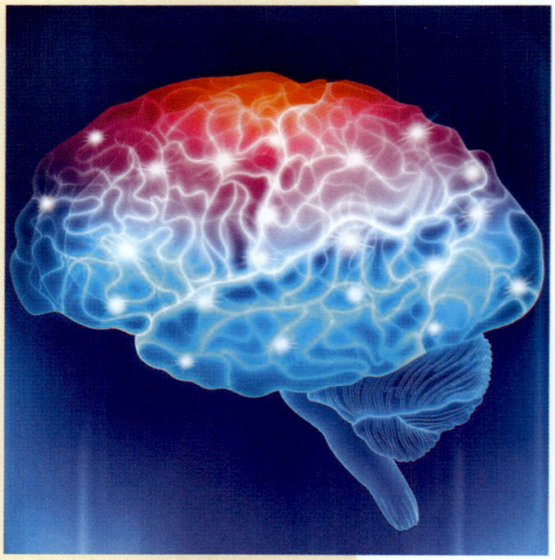

Yurchanka Siarhei/Shutterstock

Hoje, felizmente, o antigo debate sobre "natureza ou sociedade" perdeu lugar: ambas alteram o comportamento, porque ambas afetam o cérebro. Por um lado, a genética de cada pessoa afeta tanto a estrutura do cérebro como sua química e, por exemplo, o excesso hereditário de serotonina nas regiões cerebrais que respondem a ameaças está associado a respostas incontidas e exageradas, violentas. Por outro lado, estresse, maus-tratos e violência física e moral na infância, antíteses do carinho e de tudo o que ele representa e muda no sistema nervoso, também deixam suas marcas nos mesmos sistemas cerebrais de alarme e respostas a ameaças e, pelas mesmas razões, favorecem arroubos de violência desmedida.

Em termos evolutivos, faz sentido. Se você vive em um mundo cão, onde a norma é achacar, gritar e bater, então **achacar**, gritar e bater de volta constituem uma estratégia razoável, implementada direta e automaticamente pelo cérebro — quer dizer, sem que alguém precise escolher ser violento. Curiosamente, a estratégia contrária, de se tornar apático e invisível, também é "interessante", e talvez explique por que a depressão é uma resposta tão comum aos maus-tratos sociais.

No entanto, nem genética nem sociedade são 100% determinantes. O risco genético se manifesta como violência ou depressão se ocorre junto com um histórico de submissão a maus-tratos e violência. Da mesma forma, maus-tratos levam à violência e à depressão principalmente aqueles indivíduos com algum risco genético.

E aí está o problema maior. Vítimas de uma conjunção infeliz, essas pessoas não só transmitirão a seus filhos seu risco genético, como terão grandes chances de tratá-los com violência, criando para eles a mesma conjunção desfavorável que, assim, se autopropaga. Violência gera violência.

Mas isso não é inevitável. Suporte social, paz e carinho agem no cérebro e interrompem o círculo vicioso — mesmo se a genética é contrária. A combinação é explosiva, mas genética ou sociedade, sozinhos, não são garantia de nada. Ainda bem.

(*Pílulas da neurociência para uma vida melhor*. Rio de Janeiro: Sextante, 2009. p. 89-90.)

achacar: causar aborrecimento, molestar.

psicopatia: distúrbio mental grave em que a pessoa apresenta comportamentos antissociais e amorais sem demonstração de arrependimento ou remorso.

1 ▪ Definir as causas da violência nunca foi tarefa fácil. Considerando o 1º parágrafo do texto, responda:

a) Quais são as duas explicações tradicionalmente dadas para a origem da violência?

___

___

___

b) Qual é a posição da neurociência sobre o assunto?

___

___

___

___

___

Fábio Motta/Agência Estado

QUEM É SUZANA HERCULANO-HOUZEL?

Suzana nasceu no Rio de Janeiro, em 1972. Graduada em Biologia, com mestrado, doutorado e pós-doutorado em Neurociência, é professora na Universidade Vanderbilt, nos EUA, escreve artigos de divulgação científica e tem livros publicados sobre neurociência.

2. No 2º parágrafo, a autora afirma que tanto a natureza como a sociedade afetam o cérebro dos indivíduos.

Evannovostro/Shutterstock

a) De que modo a genética — relacionada à causa natural da violência — afeta a estrutura do cérebro humano?

b) De que modo a vida em sociedade — relacionada às causas sociais da violência — pode mudar os sistemas cerebrais?

3. De acordo com o 3º parágrafo do texto, responder com violência em uma sociedade violenta pode ser visto como algo natural do ponto de vista da evolução humana.

a) Explique essa afirmação da autora.

b) Quais são as formas de violência citadas pela autora?

c) Por outro lado, como explicar que a depressão também pode ser uma resposta a uma sociedade violenta?

Capítulo 9

4. No 4º parágrafo, a autora afirma: "nem genética nem sociedade são 100% determinantes".

a) Explique: O que significa uma causa ser "100% determinante"?

b) Por que, segundo o texto, a conjunção desses dois fatores piora o problema e pode até chegar a ser explosiva?

5. Como conclusão, a autora afirma: "Violência gera violência". Contudo, ela acredita ser possível interromper esse círculo vicioso e aponta saídas para combater a violência, mesmo quando a genética leva o indivíduo para esse lado. Quais são as saídas?

6. A todo momento e em todo lugar, podemos ser vítimas de violência, seja verbal, seja física. Você já viveu ou presenciou algum fato em que a violência foi utilizada de forma gratuita e injustificada? Se sim, conte para os colegas.

Palavras em contexto

1 A autora emprega no texto a expressão **sangue ruim**, que é muito comum na linguagem popular. Qual o significado dessa expressão?

____

____

2 Releia este trecho do texto:

> "O risco genético se manifesta como violência ou depressão **se** ocorre junto com um histórico de submissão a maus-tratos e violência."

O termo em destaque sugere:

a) hipótese.

b) condição.

c) sugestão.

d) finalidade.

3 O texto lido é um artigo de divulgação científica, gênero em que é comum o autor usar uma linguagem impessoal e técnica e limitar-se a apresentar os dados científicos, sem expressar opinião pessoal.

a) Identifique no texto palavras e expressões que sejam próprias da neurociência ou da ciência.

____

____

b) Observe estes trechos do texto:

> - "o comportamento violento resulta de uma combinação infeliz de predisposição genética e maus-tratos
> - Hoje, felizmente, o antigo debate sobre "natureza ou sociedade" perdeu lugar
> - Vítimas de uma conjunção infeliz, essas pessoas não só transmitirão a seus filhos seu risco genético
> - A combinação é explosiva, mas genética ou sociedade, sozinhos, não são garantia de nada. Ainda bem."

Identifique nesses trechos marcas de **avaliação apreciativa**, isto é, palavras ou expressões que indicam posicionamento da autora em relação ao assunto abordado.

____

Texto e intertexto

Leia este texto:

(Disponível em: http://www.findglocal.com/BR/Lagoa-Nova/371228359904282/Prefeitura-de-Lagoa-Nova-RN. Acesso em: 28/10/2020.)

1 A cada mês, é lançada uma campanha de conscientização da população identificada por uma cor diferente.

a) Qual é a cor e qual é o tema da campanha do mês de junho?

____

____

b) Quem é o locutor da frase "Eu apoio essa causa!!"?

____

____

2 Observe a frase:

> Diga Não e denuncie qualquer tipo de violência contra a pessoa idosa, seja ela física, psicológica, emocional, financeira, sexual ou negligencial.

a) As formas verbais **diga** e **denuncie** estão em que modo verbal e dirigem-se a quem?

b) O que justifica a escolha desse modo verbal no contexto?

c) Que efeito de sentido tem a palavra **não**, escrita em letras maiúsculas?

3 Levante hipóteses: Como pode se dar a violência contra o idoso:

a) fisicamente?

b) psicologicamente?

c) financeiramente?

d) negligenciando-o?

4 Observe a imagem abaixo.

Reprodução/Prefeitura Lagoa Nova, RN

a) Na frase "Violência contra o idoso É CRIME", o que justifica o emprego de palavras escritas com letra maiúscula amarela?

b) O que apresenta o balão laranja?

5 Discuta com os colegas:

a) Quais são as causas que levam uma pessoa a maltratar um idoso? Se necessário, releia o texto "Cérebro e violência".

b) A partir de que momento geralmente uma pessoa idosa começa a ser desvalorizada em nossa sociedade?

c) Você conhece algum tipo de cultura ou de sociedade em que o idoso é valorizado? Comente com a classe.

Exercícios

Leia o texto a seguir e responda às questões 1 a 3.

Confira os tipos de agressão e as penas para quem comete crimes de violência contra a criança

jiris/Shutterstock

Dados da Secretaria de Direitos Humanos do Ministério da Justiça mostram que, a cada dia, são registrados em torno de 200 casos de violência contra crianças no Brasil.

Quem comete esses crimes está sujeito a punições previstas em lei. Veja quais são as formas de agressão e as penas aplicadas para quem as comete.

Violência física

Machucar criança ou adolescente, causando-lhes lesões, ferimentos, fraturas, mordidas, queimaduras, hemorragias, escoriações, traumatismos, lacerações, arranhões, inchaços, hematomas, mutilações, desnutrição e até a morte. Para esse crime, o Código Penal prevê detenção de dois meses a um ano ou multa. Caso o fato resulte em lesão corporal grave, a pena sobe para reclusão de um a quatro anos. Em caso de morte, a reclusão é de quatro a 12 anos.

Tortura

Ato de constranger a criança com emprego de violência ou grave ameaça causando-lhe sofrimento físico ou mental. A pena varia entre dois e oito anos, aumentada de um sexto até um terço por tratar-se de criança ou adolescente, conforme previsão da Lei n. 9.455/1997.

Violência psicológica

A prática de violência psicológica se dá por meio de agressões verbais, chantagens, regras excessivas, ameaças (inclusive de morte), humilhações, desvalorização, estigmatização, desqualificação, rejeição, isolamento, exigência de comportamentos éticos inadequados ou acima das capacidades.

A Lei n. 13.010/2010, conhecida como Lei da Palmada, em seu artigo 18-B, prevê punições contra pais ou responsáveis que praticarem castigos físicos ou tratamentos cruéis e degradantes — humilhar, ridicularizar ou ameaçar gravemente — contra crianças e adolescentes no Brasil. As sanções são: encaminhamento a programa oficial ou comunitário de proteção à família; encaminhamento a tratamento psicológico ou psiquiátrico; encaminhamento a cursos ou programas de orientação e advertência. A escolha da punição deve ser adequada à gravidade do caso analisado.

(Disponível em: https://www.rotajuridica.com.br/coluna_1/confira-os-tipos-de-agressao-e-as-penas-para-quem-comete-crimes-de-violencia-contra-a-crianca/. Acesso em: 28/10/2020.)

1 • A finalidade do texto é:

a) punir agressores infantis, informando as penas que serão aplicadas.

b) explicar quais são os tipos de agressão contra a criança e as respectivas penas.

c) orientar o infrator sobre penalidade, antes de multar ou prender.

d) debater as causas da violência contra a criança.

2 • Sobre os tipos de punição previstos em lei, é correto afirmar que:

a) a punição é sempre a mesma, independentemente do tipo de agressão.

b) primeiro, os casos são encaminhados a um programa oficial ou comunitário de proteção à família e somente em caso de reincidência as penas começam a ser cumpridas.

c) as punições são variáveis, pois dependem da gravidade do caso analisado.

d) a violência psicológica pode levar à pena de até 12 anos de prisão.

3 • Segundo a lei, o tipo de agressão mais grave é:

a) a violência psicológica, pois levará a criança a ter traumas no futuro.

b) a violência física que resulte em óbito.

c) a tortura física ou psicológica.

d) a violência psicológica somada à tortura, com pena de 8 anos de reclusão.

Leia o texto a seguir e responda às questões 4 a 6.

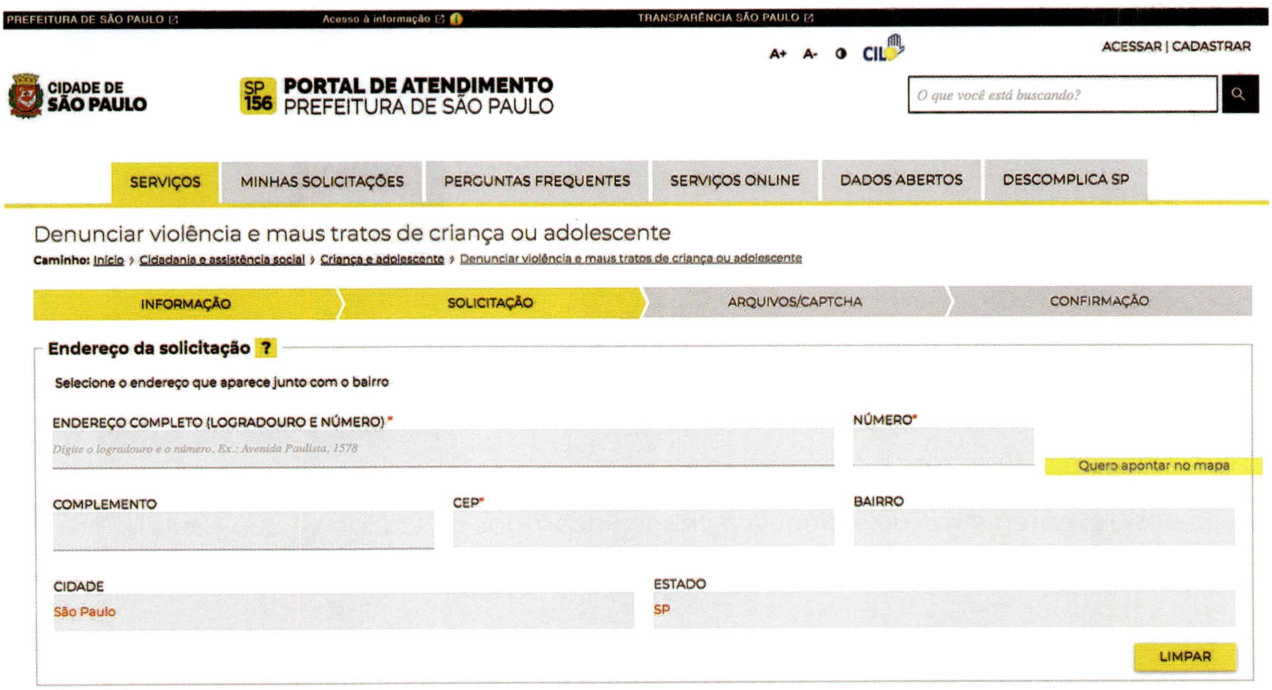
PREFEITURA DE SÃO PAULO | Acesso à informação | TRANSPARÊNCIA SÃO PAULO

A+ A- CIL | ACESSAR | CADASTRAR

CIDADE DE SÃO PAULO

SP 156 PORTAL DE ATENDIMENTO PREFEITURA DE SÃO PAULO

O que você está buscando?

SERVIÇOS | MINHAS SOLICITAÇÕES | PERGUNTAS FREQUENTES | SERVIÇOS ONLINE | DADOS ABERTOS | DESCOMPLICA SP

Denunciar violência e maus tratos de criança ou adolescente

Caminho: Início › Cidadania e assistência social › Criança e adolescente › Denunciar violência e maus tratos de criança ou adolescente

INFORMAÇÃO | SOLICITAÇÃO | ARQUIVOS/CAPTCHA | CONFIRMAÇÃO

Endereço da solicitação ?

Selecione o endereço que aparece junto com o bairro

ENDEREÇO COMPLETO (LOGRADOURO E NÚMERO)*
Digite o logradouro e o número. Ex.: Avenida Paulista, 1578

NÚMERO*

Quero apontar no mapa

COMPLEMENTO

CEP*

BAIRRO

CIDADE
São Paulo

ESTADO
SP

LIMPAR

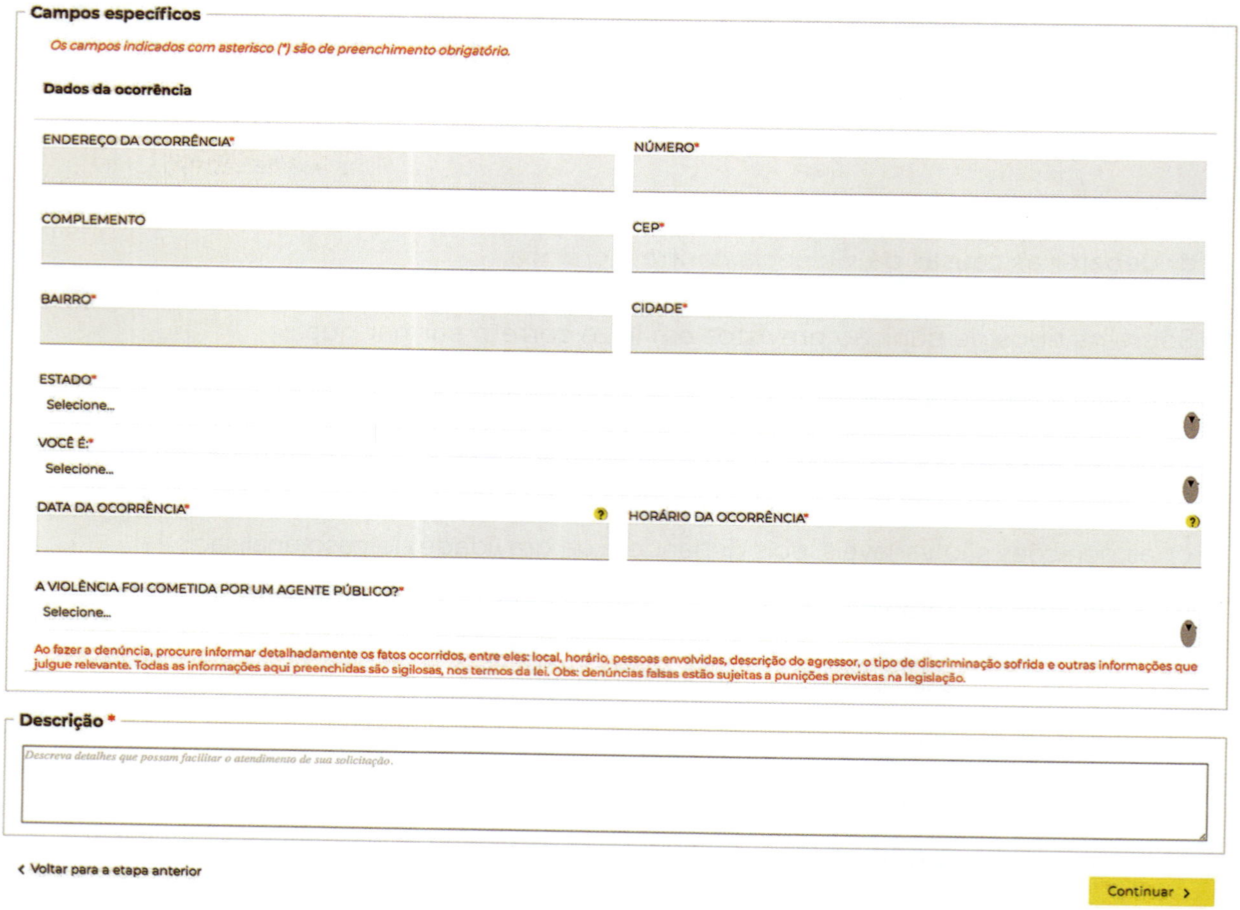

Campos específicos

Os campos indicados com asterisco (*) são de preenchimento obrigatório.

Dados da ocorrência

ENDEREÇO DA OCORRÊNCIA*

NÚMERO*

COMPLEMENTO

CEP*

BAIRRO*

CIDADE*

ESTADO*

Selecione...

VOCÊ É:*

Selecione...

DATA DA OCORRÊNCIA*

HORÁRIO DA OCORRÊNCIA*

A VIOLÊNCIA FOI COMETIDA POR UM AGENTE PÚBLICO?*

Selecione...

Ao fazer a denúncia, procure informar detalhadamente os fatos ocorridos, entre eles: local, horário, pessoas envolvidas, descrição do agressor, o tipo de discriminação sofrida e outras informações que julgue relevante. Todas as informações aqui preenchidas são sigilosas, nos termos da lei. Obs: denúncias falsas estão sujeitas a punições previstas na legislação.

Descrição *

Descreva detalhes que possam facilitar o atendimento de sua solicitação.

< Voltar para a etapa anterior

Continuar >

(Disponível em: https://sp156.prefeitura.sp.gov.br/portal/servicos/solicitacao?servico=793. Acesso em: 28/10/2020.)

4. Pelas características do texto, pode-se inferir que se trata de:

a) um arquivo *on-line* do Portal de Atendimento ao público que apresenta os dados de violência contra a criança.

b) uma ficha de inscrição *on-line* padrão das prefeituras para atendimento às crianças.

c) uma carta de serviços *on-line* oferecidos às crianças pela prefeitura.

d) um formulário *on-line* da Prefeitura de São Paulo para denúncia de atos de violência contra a criança.

5. O texto em estudo tem a finalidade de:

a) descrever registros de violência à criança ocorridos na cidade se São Paulo.

b) comunicar maus-tratos a menores de idade para a população da cidade de São Paulo.

c) registrar dados e informações de denúncias sobre maus-tratos a crianças, a fim de poder averiguar e atuar.

d) descrever ao público infantil maus-tratos e violência nas grandes cidades.

6. Os campos indicados com asterisco são obrigatórios porque é necessário:

a) que o documento não tenha lacunas em branco.

b) saber onde ocorreu o fato e haver a descrição de como ele ocorreu.

c) saber quem está denunciando.

d) certificar-se do tipo de agressão.

Leia o texto a seguir e responda às questões 7 a 10.

Seção III

Das Proibições

Art.165. Ao aluno é vedado:

I) tomar atitudes que venham a prejudicar o processo pedagógico e o andamento das atividades escolares;

II) ocupar-se, durante o período de aula, de atividades contrárias ao processo pedagógico;

III) retirar e utilizar, sem a devida permissão do órgão competente, qualquer documento ou material pertencente ao estabelecimento de ensino;

IV) trazer para o estabelecimento de ensino material de natureza estranha ao estudo, como celular, boné, instrumentos eletrônicos, máquina fotográfica, filmadora, objetos que emitam som, brinquedos. Será permitido quando solicitado previamente pelos professores;

V) ausentar-se do estabelecimento de ensino sem prévia autorização do órgão competente;

VI) receber, durante o período de aula, sem a prévia autorização do órgão competente, pessoas estranhas ao funcionamento do estabelecimento de ensino;

VII) discriminar, usar de violência simbólica, agredir fisicamente e/ou verbalmente colegas, professores e demais funcionários do estabelecimento de ensino;

Ricardo Azoury/Pulsar Imagens

VIII) expor colegas, funcionários, professores ou qualquer pessoa da comunidade a situações constrangedoras;

IX) entrar e sair da sala durante a aula, sem a prévia autorização do respectivo professor;

X) consumir ou manusear qualquer tipo de drogas nas dependências do estabelecimento de ensino;

XI) fumar nas dependências do estabelecimento de ensino;

XII) comparecer às aulas embriagado ou com sintomas de ingestão e/ou uso de substâncias químicas tóxicas;

XIII) utilizar-se de aparelhos eletrônicos, na sala de aula, que não estejam vinculados ao processo ensino e aprendizagem;

XIV) danificar os bens patrimoniais do estabelecimento de ensino ou pertences de seus colegas, funcionários e professores;

XV) portar armas brancas ou de fogo e/ou instrumentos que possam colocar em risco a segurança das pessoas;

XVI) portar material que represente perigo para sua integridade moral, física ou de outrem;

XVII) divulgar, por qualquer meio de publicidade, ações que envolvam direta ou indiretamente o nome da escola, sem prévia autorização da direção e/ou do Conselho Escolar;

XVIII) promover excursões, jogos, coletas, rifas, lista de pedidos, vendas ou campanhas de qualquer natureza, no ambiente escolar, sem a prévia autorização da direção.

(Disponível em: http://www.cazmonteirolobato.seed.pr.gov.br/redeescola/escolas/6/530/10/arquivos/File/trabalhoped/regimentoescolar.pdf. Acesso em: 28/10/2020.)

7. Pelo tema abordado e por suas características formais, é possível inferir que o texto é:

a) uma ata de reunião escolar.

b) o regimento de uma escola.

c) o contrato social que oficializa a abertura da escola.

d) a síntese de decisões tomadas em assembleia pela comunidade escolar.

8. A estrutura do texto segue a forma de organização dos textos:

a) normativos e a lógica de hierarquização das ideias em itens e subitens.

b) analíticos e descritivos como os dos artigos de leis.

c) expositivos, descrevendo ações de como fazer algo.

d) argumentativos, com apresentação de argumentos.

9. Cada um dos itens é iniciado por um verbo no modo infinitivo impessoal, o que produz um efeito de sentido:

a) definido e pessoal, pois se refere a determinado grupo de alunos.

b) indefinido, porém pessoal, pois se reporta aos alunos de modo geral.

c) de generalização, referindo-se a todo e qualquer aluno.

d) pessoal, porém indefinido, pois se reporta a todos os alunos.

10 • Releia este trecho do texto:

> Seção III
> Das Proibições
>
> Art.165. Ao aluno é vedado:
>
> I) tomar atitudes que venham a prejudicar o processo pedagógico e o andamento das atividades escolares;

A construção **é vedado tomar atitudes** assume no texto um papel equivalente ao do modo verbal:

a) subjuntivo, pois apresenta a ação de maneira incerta e duvidosa ou eventual.

b) indicativo, pois exprime certeza sobre a ocorrência da ação.

c) imperativo, pois equivale a uma ordem ou a um aconselhamento sobre o que não pode ser feito na escola.

d) indicativo, pois trata-se de ações que são vedadas aos alunos.

Leia o texto e o infográfico que seguem e responda às questões 11 a 14.

Raiva ao volante: a competitividade e as relações agressivas que nascem no trânsito

[...] Um estudo feito nos Estados Unidos, divulgado na última semana, mostrou como cerca de 80% dos motoristas americanos apresentam comportamento agressivo ao volante. Dirigir muito próximo aos outros veículos, gritar, buzinar, gesticular, fechar o carro da frente ou sair para confrontar a outra pessoa foram alguns dos principais comportamentos relatados na pesquisa.

A pesquisa feita com 2.705 motoristas americanos destaca como é cada vez mais predominante esse tipo de comportamento no trânsito, e como essa é uma séria ameaça para a segurança nas estradas. Os motoristas responderam um questionário online e mais de 78% relataram como haviam se engajado em pelo menos um comportamento agressivo no último ano. Confira no gráfico ao lado as principais atitudes relatadas pelos motoristas.

(Disponível em: www.thecityfixbrasil.org/2016/07/22/raiva-ao-volante-a-competitividade-e-as-relacoes-agressivas-que-nascem-no-transito/. Acesso em: 23/10/2020.)

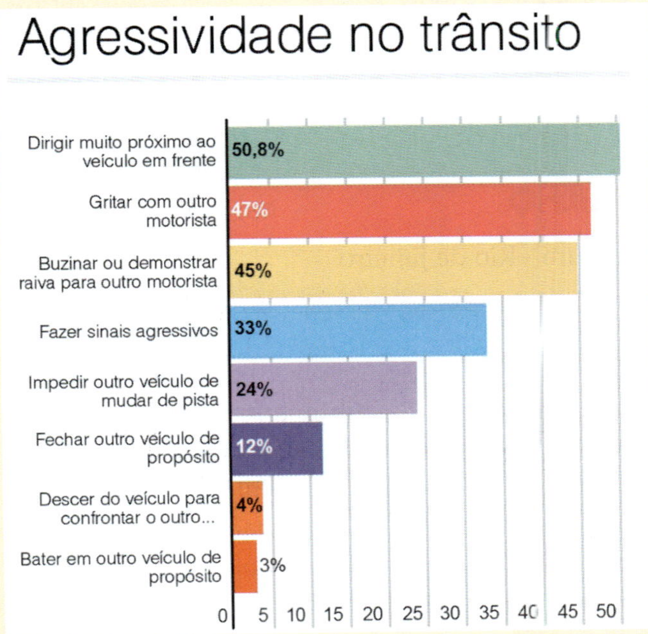

11. Sobre o texto, é correto dizer que:

a) cerca de 22% dos entrevistados não se envolveram com episódios de violência no último ano.

b) cerca de 22% dos entrevistados não apresentam comportamentos violentos no trânsito.

c) entre os tipos de comportamento agressivo estão: buzinar, fechar o outro carro, abandonar o carro, gritar.

d) comportamentos agressivos no trânsito estão relacionados ao excesso de veículos, e não à competitividade.

12. Segundo o gráfico, o comportamento agressivo mais comum no trânsito é:

a) fechar o outro veículo de propósito.

b) bater em outro veículo de propósito.

c) impedir outro veículo de mudar de pista.

d) dirigir muito próximo ao veículo da frente.

Wor Sang Jun/Shutterstock

13. Praticar qualquer uma dessas ações pode ser indício de que o motorista:

a) certamente não tem habilitação ou carteira de motorista.

b) apresenta sinais de desequilíbrio emocional.

c) respeita as leis do trânsito.

d) é inexperiente para dirigir nos centros urbanos.

14. A agressividade no trânsito pode acarretar para o motorista:

a) alívio das tensões, pois as descarrega nos outros.

b) relaxamento, porque não guarda rancores.

c) estresse, pois situações como essas são desgastantes.

d) maior confiança, pois ele deduz que dirige melhor que outros.

Às vezes, o modo como nos relacionamos com a cidade em que vivemos também é manifestação de violência. Leia este texto:

ENTULHO

CGBear/Shutterstock

Prefeitura - Rio de Janeiro

Rio de Janeiro - RJ ID: 108159166 29/06/20 às 12h50 denunciar

Há mais de 1 mês que solicito a retirada de entulho em frente a minha casa. Já fiz várias solicitações, reclamações e nenhuma providência foi tomada. Não sei a quem mais recorrer para pedir a retirada desse entulho. Será que a justiça resolve? Será necessário ocupar a justiça com algo que está incluído nos serviços da Comlurb? A última solicitação foi cancelada sem a menor explicação. Quando se liga para fazer reclamação, ainda somos mal atendidos, como se estivéssemos pedindo favor e não [fosse] um direito como cidadã. É UM ABSURDO O DESCASO DA COMLURB. PÉSSIMO ATENDIMENTO, MAS ÓTIMO PARA COBRAR IMPOSTOS.

(Disponível em: https://www.reclameaqui.com.br/prefeitura-rio-de-janeiro/entulho_108159166/. Acesso em: 21/10/2020.)

15▪ Pelas características do texto, é possível inferir que se trata de:

a) uma carta de leitor.

b) uma carta de reclamação e solicitação.

c) uma carta pessoal.

d) um comentário de *site* da internet.

16▪ Entre os argumentos apresentados pelo remetente, destaca-se a ideia:

a) de que o entulho tem atrapalhado a vida dos moradores da rua.

b) da insistência do remetente e da indiferença da prefeitura.

c) do mau atendimento no balcão da prefeitura.

d) da morosidade da justiça para resolver o problema.

17▪ Um dos argumentos apresentados pelo texto revela, de forma discreta, uma ameaça. Assinale-o:

a) Será necessário ocupar a justiça com algo que está incluído nos serviços da Comlurb?

b) Há mais de 1 mês que solicito a retirada de entulho em frente a minha casa.

c) Não sei a quem mais recorrer para pedir a retirada desse entulho.

d) Quando se liga para fazer reclamação, ainda somos mal atendidos.

18▪ A respeito do emprego de letras maiúsculas no final do texto, não é correto afirmar que:

a) o uso de letras maiúsculas ressalta a indignação do remetente com o descaso do poder público em relação à reivindicação.

b) no trecho em letras maiúsculas, há uma crítica que também serve de argumento: a desproporção entre o que se paga de imposto e a qualidade do serviço que se recebe.

c) o trecho com letras maiúsculas serve como conclusão das ideias principais do texto.

d) o trecho em letras maiúsculas apresenta um fato, e não uma opinião.

Capítulo 10

Planeta Terra, nosso lar!

Incêndios na Floresta Amazônica e no Pantanal, rios e ar poluídos, solo envenenado, aquecimento do clima, secas e enchentes descontroladas, índios desrespeitados... O que está ocorrendo com nosso planeta? O que podemos fazer para conter e reverter a destruição de nosso lar?

Leia, a seguir, o texto que abre a página inicial do *site* do Ministério do Meio Ambiente.

Carta da Terra

PREÂMBULO

Estamos diante de um momento crítico na história da Terra, numa época em que a humanidade deve escolher o seu futuro. À medida que o mundo torna-se cada vez mais interdependente e frágil, o futuro enfrenta, ao mesmo tempo, grandes perigos e grandes promessas. Para seguir adiante, devemos reconhecer que, no meio de uma magnífica diversidade de culturas e formas de vida, somos uma família humana e uma comunidade terrestre com um destino comum. Devemos somar forças para gerar uma sociedade sustentável global baseada no respeito pela natureza, nos direitos humanos universais, na justiça econômica e numa cultura da paz. Para chegar a este propósito, é imperativo que nós, os povos da Terra, declaremos nossa responsabilidade uns para com os outros, com a grande comunidade da vida, e com as futuras gerações.

Preâmbulo: relatório que antecede uma lei ou decreto; parte preliminar em que se anuncia a promulgação de uma lei ou decreto.

Jacob_09 /Shutterstock

Terra, Nosso Lar

A humanidade é parte de um vasto universo em evolução. A Terra, nosso lar, está viva com uma comunidade de vida única. As forças da natureza fazem da existência uma aventura exigente e incerta, mas a Terra providenciou as condições essenciais para a evolução da vida. A capacidade de recuperação da comunidade da vida e o bem-estar da humanidade dependem da preservação de uma biosfera saudável com todos seus sistemas ecológicos, uma rica variedade de plantas e animais, solos férteis, águas puras e ar limpo. O meio ambiente global com seus recursos finitos é uma preocupação comum de todas as pessoas. A proteção da vitalidade, diversidade e beleza da Terra é um dever sagrado.

A Situação Global

Os padrões dominantes de produção e consumo estão causando devastação ambiental, redução dos recursos e uma massiva extinção de espécies. Comunidades estão sendo arruinadas. Os benefícios do desenvolvimento não estão sendo divididos equitativamente e o fosso entre ricos e pobres está aumentando. A injustiça, a pobreza, a ignorância e os conflitos violentos têm aumentado e são causa de grande sofrimento. O crescimento sem precedentes da população humana tem sobrecarregado os sistemas ecológico e social. As bases da segurança global estão ameaçadas. Essas tendências são perigosas, mas não inevitáveis.

Desafios Para o Futuro

A escolha é nossa: formar uma aliança global para cuidar da Terra e uns dos outros, ou arriscar a nossa destruição e a da diversidade da vida. São necessárias mudanças fundamentais dos nossos valores, instituições e modos de vida. Devemos entender que, quando as necessidades básicas forem atingidas, o desenvolvimento humano será primariamente voltado a ser mais, não a ter mais. Temos o conhecimento e a tecnologia necessários para abastecer a todos e reduzir nossos impactos ao meio ambiente. O surgimento de uma sociedade civil global está criando novas oportunidades para construir um mundo democrático e humano. Nossos desafios ambientais, econômicos, políticos, sociais e espirituais estão interligados, e juntos podemos forjar soluções includentes.

Responsabilidade Universal

Para realizar estas aspirações, devemos decidir viver com um sentido de responsabilidade universal, identificando-nos com toda a comunidade terrestre bem como com nossa comunidade local. Somos, ao mesmo tempo, cidadãos de nações diferentes e de um mundo no qual a dimensão local e global estão ligadas. Cada um compartilha da responsabilidade pelo presente e pelo futuro, pelo bem-estar da família humana e de todo o mundo dos seres vivos. O espírito de solidariedade humana e de parentesco com toda a vida é fortalecido quando vivemos com reverência o mistério da existência, com gratidão pelo dom da vida, e com humildade considerando em relação ao lugar que ocupa o ser humano na natureza.

Necessitamos com urgência de uma visão compartilhada de valores básicos para proporcionar um fundamento ético à comunidade mundial emergente. Portanto, juntos na esperança, afirmamos os seguintes princípios, todos interdependentes, visando um modo de vida sustentável como critério comum, através dos quais a conduta de todos os indivíduos, organizações, empresas, governos, e instituições transnacionais será guiada e avaliada.

(Disponível em: https://www.mma.gov.br/informma/item/8071-carta-da-terra.html. Acesso em: 29/10/2020.)

O QUE É A "CARTA DA TERRA"?

A "Carta da Terra" foi idealizada pela Comissão Mundial sobre Meio Ambiente e Desenvolvimento das Nações Unidas, em 1987. Mas sua primeira versão só foi criada em 1992, durante a Eco-92, que ocorreu no Rio de Janeiro. Foi ratificada em 2000, no Palácio da Paz, em Haia, Holanda, com adesão de 4 500 organizações, inclusive o Brasil. Seu objetivo principal era o de estabelecer as bases para a sociedade do século XXI, alicerçada em ações de paz, respeito e igualdade.

Harvepino/Shutterstock

1 ▪ Leia o boxe "O que é a 'Carta da Terra'?" e responda:

a) Quem é o locutor da carta?

b) A quem ela se dirige?

2 ▪ Todas as partes do texto lido formam o "Preâmbulo" da carta. Levante hipóteses: O que se supõe que haja na carta depois do "Preâmbulo"?

3 ▪ Observe as formas verbais destes trechos da primeira parte do "Preâmbulo":

- "**Estamos** diante de um momento crítico na história da Terra, [...]"
- "[...] **devemos** reconhecer que, [...] **somos** uma família humana e uma comunidade terrestre com um destino comum."

a) Em que pessoa as formas verbais estão?

b) Qual efeito de sentido o emprego dessa pessoa produz no texto?

4 ▪ O "Preâmbulo" apresenta uma rápida introdução, seguida de quatro partes: **Terra, Nosso Lar**, **A Situação Global**, **Desafios Para o Futuro** e **Responsabilidade Universal**. Qual é o papel dessa estrutura em tópicos no texto?

5 ▪ Na primeira parte do texto, afirma-se que: "O meio ambiente global com seus recursos finitos é uma preocupação comum de todas as pessoas.". De acordo com as partes seguintes do texto, responda:

a) Que fatores, mencionados na segunda parte, podem levar ao fim dos recursos do meio ambiente?

b) Quais são as consequências para a Terra e para a humanidade?

c) Como reduzir os impactos ao meio ambiente e, ao mesmo tempo, abastecer a humanidade com alimentos?

6 ▪ Releia o trecho:

> "Devemos entender que, quando as necessidades básicas forem atingidas, o desenvolvimento humano será primariamente voltado a ser mais, não a ter mais."

a) Explique a oposição entre "ser mais" e "ter mais".

b) Segundo o texto, que postura a sociedade deve ter para atingir esse objetivo?

7▪ A carta propõe um modo de vida sustentável como critério comum.

a) Como seria um modo de vida sustentável?

____

____

____

____

Mauro Pimentel/AFP/Getty Images

b) Para isso, é necessário o envolvimento de quais setores da sociedade?

____

____

8▪ Publicada em 2000, a "Carta da Terra" já tem mais de duas décadas. Ela continua atual nos dias de hoje? Por quê?

____

____

____

____

____

9▪ E você? Compartilha das ideias do texto? Discuta com o professor e os colegas as seguintes questões, entre outras:

- Como preservar a biosfera saudável, rica em variedade de plantas e animais, solos férteis, águas puras e ar limpo?
- Como mudar valores, instituições e modos de vida, em uma sociedade industrial e tecnológica como a nossa?

Palavras em contexto

1 Que figura de linguagem pode ser identificada:

a) no título: "Carta da Terra".

____

b) na palavra **fosso**, no trecho "Os benefícios do desenvolvimento não estão sendo divididos equitativamente e o fosso entre ricos e pobres está aumentando.".

____

Capítulo 10

2 No trecho:

> "Somos, ao mesmo tempo, cidadãos de nações diferentes e de um mundo **no qual** a dimensão local e global estão ligadas."

A que termo anterior o pronome relativo **no qual** se refere?

____

3 Observe o trecho:

> "A Terra, nosso lar, está viva com uma comunidade de vida única."

a) Qual é o papel do termo **nosso lar** no contexto?

____

____

b) Por que a palavra **Terra** foi escrita com letra inicial maiúscula?

____

____

Texto e intertexto

A seguir, você vai ler uma petição produzida por Sebastião Salgado e Lélia Wanick Salgado, sua esposa, e encaminhada ao presidente da República do Brasil e aos três poderes do Estado brasileiro. Antes disso, o documento foi veiculado pela imprensa e nas redes sociais, a fim de colher assinaturas.

APELO URGENTE AO PRESIDENTE DO BRASIL E AOS LÍDERES DO CONGRESSO E DO JUDICIÁRIO

Os povos indígenas do Brasil enfrentam uma grave ameaça à sua própria sobrevivência com o surgimento da pandemia do Covid-19. Há cinco séculos, esses grupos étnicos foram dizimados por doenças trazidas pelos colonizadores europeus. Ao longo do tempo, sucessivas crises epidemiológicas exterminaram a maioria de suas populações. Hoje, com esse novo flagelo se disseminando rapidamente por todo o Brasil, comunidades nativas, algumas vivendo de forma isolada na Bacia Amazônica, poderão ser completamente eliminadas, desprovidas de qualquer defesa contra o coronavírus.

dpa/Picture Alliance/Getty images

Sua situação é duplamente crítica, porque os territórios reconhecidos para uso exclusivo de populações autóctones estão sendo ilegalmente invadidos por garimpeiros, madeireiros e grileiros. Essas operações ilícitas se aceleraram nas últimas semanas, porque as autoridades brasileiras responsáveis pelo resguardo dessas áreas foram imobilizadas pela pandemia. Sem nenhuma proteção contra esse vírus altamente contagioso, os índios sofrem um risco real de genocídio, por meio de contaminações provocadas por invasores ilegais em suas terras.

Diante da urgência e da seriedade dessa crise, como amigos do Brasil e admiradores de seu espírito, cultura, beleza, democracia e biodiversidade, apelamos ao Presidente da República, Sua Excelência Sr. Jair Bolsonaro, e aos líderes do Congresso e do Judiciário a adotarem medidas imediatas para proteger as populações indígenas do país contra esse vírus devastador.

Esses povos são parte da extraordinária história de nossa espécie. Seu desaparecimento seria uma grande tragédia para o Brasil e uma imensa perda para a humanidade. Não há tempo a perder.

Respeitosamente,
Sebastião Salgado
Lélia Wanick Salgado

(Disponível em: https://secure.avaaz.org/community_petitions/po/presidente_do_brasil_e_aos_lideres_do_legislativo__ajude_a_proteger_os_povos_indigenas_da_amazonia_do_covid19/?cZZUvqb&utm_source=sharetools&utm_medium=copy&utm_campaign=petition-994813-ajude_a_proteger_os_povos_indigenas_da_amazonia_do_covid19&utm_term=ZZUvqb%2Bpo. Acesso em: 27/10/2020.)

1 O texto em estudo é uma petição.

a) Deduza: O que é uma petição?

____

b) Quem são os responsáveis pela petição lida?

____

c) A quem apelam?

____

____

d) Qual é o objetivo da petição?

____

____

2 O texto faz referência aos povos indígenas isolados na bacia Amazônica, cujas terras estavam sendo invadidas por garimpeiros, madeireiros e grileiros em operações ilícitas.

a) Qual era a causa dessas invasões ilegais naquele momento?

____

b) Que consequências as invasões poderiam trazer para as populações indígenas? Por quê?

3 Gêneros textuais como a petição e o abaixo-assinado são iniciativas cidadãs, que visam a um interesse comum de uma comunidade ou de toda a sociedade. Que interesse comum poderia haver entre as pessoas que assinaram o documento?

4 Discute-se muito, nos dias de hoje, a circulação de "discursos de ódio" nas redes sociais. Leia o boxe "Liberdade de expressão e discurso de ódio" e responda: A petição pode ser considerada um discurso de ódio ou um ato de liberdade de expressão? Por quê?

5 Compare o texto "Carta da Terra" com a petição de Sebastião Salgado e Lélia Wanick Salgado.

a) O que há em comum entre os textos?

b) O que há de diferente entre eles?

LIBERDADE DE EXPRESSÃO E DISCURSO DE ÓDIO

A liberdade de expressão é um dos direitos fundamentais do homem, respaldado pela Declaração Universal dos Direitos Humanos, documento que serviu e serve como referência para a construção da constituição de várias nações em todo o mundo. A Constituição federal brasileira dá garantia à liberdade de expressão em seu quinto artigo e define o termo pela livre manifestação do pensamento, de atividade intelectual, artística, científica e de comunicação, independente de censura ou licença, sendo vedado o anonimato.

Vale lembrar que a liberdade de expressão é considerada um direito básico de todo ser humano e cabe, portanto, o dever de assegurá-la, às autoridades políticas de cada país.

[...]

A liberdade de expressão, porém, vem sendo usada por algumas pessoas como justificativa para espalhar discursos de ódio pela internet. O termo se entende por aquilo que incita atos ofensivos e discriminatórios como ataques racistas, homofóbicos e preconceituosos, dentro e fora da internet.

(Disponível em: https://www.fundacao1demaio.org.br/fique-por-dentro/1159/liberdade-de-express%C3%A3o-x-discurso-de-%C3%B3dio. Acesso em: 29/10/2020.)

melitas/Shutterstock

Exercícios

Leia o texto a seguir e responda às questões 1 a 4.

Os Objetivos de Desenvolvimento Sustentável no Brasil

Os Objetivos de Desenvolvimento Sustentável são um apelo global à ação para acabar com a pobreza, proteger o meio ambiente e o clima e garantir que as pessoas, em todos os lugares, possam desfrutar de paz e de prosperidade. Estes são os objetivos para os quais as Nações Unidas estão contribuindo a fim de que possamos atingir a Agenda 2030 no Brasil.

Reprodução/ONU

(Disponível em: https://brasil.un.org/. Acesso em: 29/10/2020.)

1- Com base no infográfico, marque o item que **não** está entre os Objetivos de Desenvolvimento Sustentável:

a) Evitar fontes energéticas consideradas poluentes, como o petróleo.

b) Valorizar a flora e a fauna terrestres.

c) Incentivar a produção industrial como meio de combater a fome.

d) Combater a discriminação de gênero e a desigualdade social.

2- Os quadros do infográfico têm por finalidade:

a) descrever o crescimento econômico no Brasil até 2030.

b) demonstrar quais têm sido as ações das Nações Unidas em países em desenvolvimento como o Brasil.

c) resumir, de forma visual, os objetivos de sustentabilidade até 2030, no Brasil.

d) informar as parcerias e as implantações feitas pelas Nações Unidas.

3- A cor de cada um dos quadros tem a finalidade de:

a) destacar os problemas que envolvem as Nações Unidas.

b) destacar e diferenciar cada assunto em particular, contribuindo para uma leitura mais leve e agradável.

c) enfeitar o texto com cores predominantes no país.

d) utilizar uma linguagem visual diferenciada, para dar maior profundidade ao conteúdo da linguagem verbal.

4- Pode-se deduzir que, para as Nações Unidas, o grande desafio para o futuro reside no binômio:

a) liberdade de expressão e direitos humanos.

b) discurso de ódio e liberdade de expressão.

c) desenvolvimento econômico e proteção ao meio ambiente.

d) combate à fome e aos discursos de ódio.

Leia o texto a seguir e responda às questões 5 a 9.

Chuva preta e dia escuro: as dificuldades que as queimadas no Pantanal e na Amazônia podem levar a outras regiões

Consequências causadas por incêndios de grandes proporções em biomas brasileiros devem ser sentidas em diferentes cidades.

As consequências dos incêndios que afetam os biomas brasileiros podem ser notadas em diversas cidades do país. As queimadas intensas na Amazônia, no Pantanal e no Cerrado atingem, além das regiões mais próximas, estados como São Paulo, Rio de Janeiro e Santa Catarina.

A fumaça e as partículas liberadas pelos incêndios são levadas pelo vento a outras regiões. Como consequência, segundo especialistas, o céu desses locais pode adquirir cores incomuns e há riscos de chuva com coloração preta.

[...]

Essa fumaça já havia chegado ao Sul do país. [...]

[...] A Defesa Civil do Estado confirmou que eram precipitações contaminadas por partículas de fumaça de incêndios no Pantanal.

Gustavo Basso/NurPhoto/AFP

[...]

O céu tomado pela fumaça, que hoje preocupa moradores do Sul e Sudeste, é uma realidade frequente nos nove estados que compõem a Amazônia Legal — como Acre, Amazonas, Mato Grosso e Rondônia. As pessoas que vivem nessas regiões sofrem diretamente os impactos das queimadas intensas e podem ser expostas a níveis de poluição do ar acima do limite recomendado pela Organização Mundial da Saúde (OMS).

Especialistas apontam que os riscos da fumaça que avança pelo país são menores que os problemas enfrentados pelas pessoas que moram nas proximidades dos biomas duramente afetados pelas queimadas. Apesar disso, a situação é considerada preocupante, por ser um reflexo do aumento dos incêndios florestais no Brasil.

[...]

(Disponível em: https://www.bbc.com/portuguese/brasil-54221704#:~:text=Especialistas%20apontam%20que%20os%20riscos,dos%20inc%C3%AAndios%20florestais%20no%20Brasil. Acesso em: 29/10/2020.)

5• O assunto central do texto é/são:

a) o aumento dos incêndios florestais no sul do país.

b) a poluição do ar acima do limite recomendado pela Organização Mundial da Saúde (OMS).

c) as cores incomuns no céu do país.

d) as queimadas que têm ocorrido na Amazônia e no Pantanal e suas consequências em outras regiões do país.

6• A finalidade do texto é:

a) descrever os problemas enfrentados pelos moradores próximos aos biomas afetados.

b) comover os leitores quanto aos problemas enfrentados na Amazônia Legal.

c) informar fatos relacionados ao meio ambiente que têm ocorrido no Brasil.

d) mobilizar a população contra os incêndios que têm acontecido na Amazônia e no Pantanal.

7. Considerando a oposição entre o que é **fato** e o que é **opinião** em um texto, indique o trecho que expressa uma opinião:

a) "[...] a situação é considerada preocupante, por ser um reflexo do aumento dos incêndios florestais no Brasil."

b) "As consequências dos incêndios que afetam os biomas brasileiros podem ser notadas em diversas cidades do país."

c) "Essa fumaça já havia chegado ao Sul do país."

d) "A Defesa Civil do Estado confirmou que eram precipitações contaminadas por partículas de fumaça de incêndios no Pantanal."

8. Segundo o texto, as queimadas na Amazônia e no Pantanal afetam:

a) o meio ambiente e a saúde das pessoas em diversos Estados.

b) apenas as pessoas que moram próximas aos biomas das queimadas.

c) moradores da Amazônia Legal e do Nordeste brasileiro.

d) apenas Estados como Acre, Amazonas, Mato Grosso e Rondônia.

9. Os termos destacados em vermelho no texto indicam *hyperlinks* que:

a) direcionam os leitores a outros *sites* que aprofundam assuntos relacionados ao texto.

b) são termos importantes para a compreensão do texto principal.

c) são assuntos paralelos e não fundamentais para o entendimento global do texto.

d) direcionam para textos mais interessantes e amplos do que o texto que está sendo lido.

Leia o gráfico a seguir e responda às questões 10 a 12.

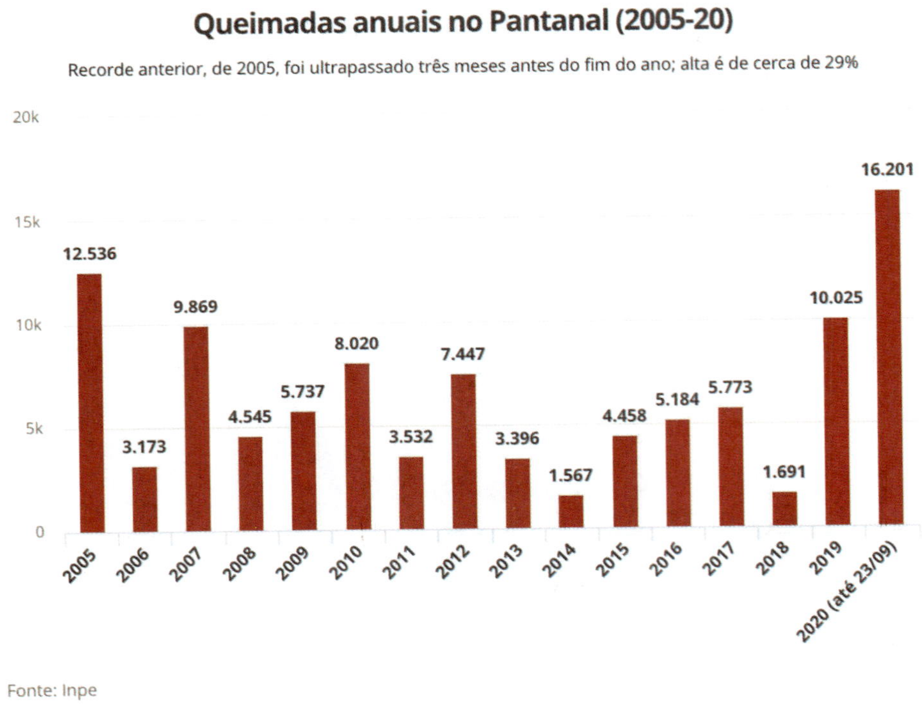

(Disponível em: https://g1.globo.com/natureza/noticia/2020/09/24/pantanal-tem-maior-numero-mensal-de-focos-de-incendios-na-historia.ghtml. Acesso em: 29/10/2020.)

10. O gráfico retrata a ocorrência de queimadas no Pantanal no período que vai de 2005 a 2020. Observa-se que:

a) não houve um aumento significativo a partir de 2015.

b) em 2007 houve diminuição das queimadas em relação ao ano anterior.

c) houve um aumento significativo em 2020, em relação aos outros anos.

d) as queimadas de 2019 e 2020 se equiparam às queimadas de 2012.

11. Segundo o gráfico:

a) entre 2006 e 2008, não houve queimadas significativas no Pantanal.

b) 2020 foi o ano com menos queimadas no Pantanal.

c) em 2010, houve diminuição no número de queimadas.

d) em 2014 e 2018, as ocorrências de queimadas foram as mais baixas, em relação aos outros anos.

12. A função do gráfico é:

a) informar e comparar dados sobre as queimadas no Pantanal, em um período de 15 anos.

b) transmitir impressões subjetivas sobre as queimadas, no Pantanal, de 2005 a 2020.

c) comparar dados e informações semanais das regiões afetadas pelas queimadas durante um período de 15 anos.

d) alertar sobre as queimadas que têm ocorrido no Pantanal, principalmente entre os anos de 2019 e 2020.

Leia o texto abaixo e responda às questões 13 e 14.

Pelicano/Acervo do cartunista

(Disponível em: https://www.contraovento.com.br/2019/11/desastre-ambiental/. Acesso em: 29/10/2020.)

13. Pelas características do texto, trata-se de:

a) uma piada sobre turistas na praia.

b) um anúncio publicitário sobre protetor solar.

c) uma charge ecológica.

d) uma tira sobre o meio ambiente.

14. A finalidade do texto é fazer uma crítica:

a) à não utilização de protetor solar.

b) ao turismo em praias preservadas.

c) à poluição de dejetos, causada pelos turistas.

d) ao derramamento de óleo no mar.

Leia os dois textos a seguir e responda às questões 15 a 20.

Texto 1

A Terra é plana?

Atualmente, algumas teorias conspiratórias tentam comprovar que a Terra seria plana como um disco de vinil. Contudo, evidências mostram que isso não seria possível.

Mesmo depois de todas as contribuições de Isaac Newton sobre a gravitação universal, as ideias planetárias de Kepler e as propostas a respeito da gravidade feitas por Albert Einstein, alguns arriscam-se em dizer que a Terra não seria redonda, mas plana como um disco de vinil!

Chamadas de terraplanistas, essas pessoas defendem que a forma de esfera da Terra é uma mentira sustentada principalmente pela Nasa, Agência Espacial Estadunidense. O motivo para tamanha farsa, segundo essa teoria conspiratória, seria o poder financeiro e hegemônico.

Artur Balytskyi /Shutterstock

A Terra, na concepção dos terraplanistas.

De acordo com essa visão, o planeta teria um formato de disco e seria coberto pelo firmamento em forma de domo (cúpula). O Sol e a Lua seriam muito menores do que imaginamos e fariam movimentos no espaço disponível nesse domo. A Antártida estaria nas bordas desse disco, por isso seu território seria extremamente vigiado e impossível de ser visitado em sua totalidade.

(Disponível em: https://mundoeducacao.uol.com.br/fisica/a-terra-plana.htm. Acesso em: 29/10/2020.)

Texto 2

O ministro da Ciência e Tecnologia, Marcos Pontes, compartilhou fotos da Terra afirmando que o planeta é redondo, e foi atacado por terraplanistas em sua conta do Twitter.

Reprodução/NOAA/GOES Project/NASA

"Ministro, creio que o senhor seja mais inteligente que isso. Mais (sic) tá certo em defender a sua teoria. Porém não faça isso menosprezado (sic) a inteligência dos outros, no mais seja feliz no seu mundo da bola molhada girando a mais de 1.600 km", escreveu um internauta.

"1) Se a terra fosse um Globo, os cálculos trigonométricos mostrariam curvatura mas não é o que acontece. 2) Se a terra é o que a Nasa mostra na 'foto', como me explica o texto bíblico que fala sobre águas abaixo do céu (firmamento) e ACIMA do céu?", argumentou outro.

Outro usuário afirmou ainda que as fotos da NASA são feitas com photoshop. "Foto da Nasa, ah tá. A mesma que conseguiu "pousar" na lua em 69 mas hoje não tem tecnologia para tal, nos poupe né ministro, sei que o sr é muito inteligente e capacitado, mas nisso aí muiiiita gente nos EUA não acreditam", questionou outro seguidor.

(Disponível em: https://ultimosegundo.ig.com.br/ciencia/2020-01-23/ministro-diz-que-a-terra-e-redonda-e-e-atacado-por-terraplanistas.html. Acesso em: 29/10/2020.)

15▪ O autor do texto 1 deixa transparecer claramente sua posição a respeito da polêmica em torno da rotundidade da Terra. Qual é essa posição?

a) Ele é a favor das teorias apresentadas por Newton e Kepler e entende que há interesses econômicos por trás dessa concepção.

b) Ele é contra as teorias terraplanistas, uma vez que acredita nas teorias defendidas pela ciência.

c) Ele é a favor da teoria terraplanista, uma vez que os estudos de Newton e Kepler já apontavam para os mistérios que envolvem os movimentos do Sol e da Lua.

d) Ele é contra a teoria terraplanista, uma vez que alguns fundamentos da ciência tradicional nunca foram devidamente explicados, revelando interesses secretos da Nasa.

16▪ Confirmam sua resposta anterior as marcas de avaliação apreciativa, ou seja, marcas de posicionamento do autor perante o assunto tratado, como se nota em:

a) expressões como **teorias conspiratórias**, **mesmo depois**, **alguns arriscam**, **evidências mostram que isso não seria possível**.

b) "Chamadas de terraplanistas, essas pessoas defendem que a forma de esfera da Terra é uma mentira sustentada principalmente [...]".

c) "De acordo com essa visão, o planeta teria um formato de disco e seria coberto pelo firmamento em forma de domo (cúpula).".

d) "[...] por isso seu território seria extremamente vigiado e impossível de ser visitado em sua totalidade.".

17. Observe os tempos verbais nestes trechos do texto 1:

- "Atualmente, algumas teorias conspiratórias tentam comprovar que a Terra seria plana como um disco de vinil. Contudo, evidências mostram que isso não seria possível."
- "O motivo para tamanha farsa, segundo essa teoria conspiratória, seria o poder financeiro e hegemônico."

Marque a alternativa correta:

a) O emprego de formas verbais no futuro do pretérito revela o desejo, por parte do autor, de que esses fatos venham a ocorrer.

b) O emprego de formas verbais no presente do indicativo revela hipótese ou possibilidade de que os fatos possam vir a acontecer.

c) Quando o autor demonstra certeza sobre o que está falando, emprega o presente do indicativo; quando quer falar do que pensam os outros, sem se comprometer, emprega o futuro do pretérito.

d) Quando o autor pretende falar de forma objetiva e "neutra" dos fatos, sem se comprometer, emprega o presente do indicativo; quando quer manifestar concordância com as ideias dos outros, emprega o futuro do pretérito.

18. O texto 2 recorta a opinião de três internautas a respeito da fala e das fotos publicadas no Twitter pelo astronauta e ministro Marcos Pontes. Apresenta(m) argumentos científicos e religiosos o(s) internauta(s) do(s):

a) comentário 1. b) comentário 2. c) comentário 3. d) comentários 1 e 3.

19. Em relação ao texto 2, há uma marca de ironia em:

a) "[...] creio que o senhor seja mais inteligente que isso.".

b) "se a terra fosse um Globo, os cálculos trigonométricos mostrariam curvatura, mas não é o que acontece.".

c) "se a terra é o que a Nasa mostra na 'foto' como me explica o texto bíblico [...]".

d) "[...] como me explica o texto bíblico que fala sobre águas abaixo do céu e acima do céu [...]?".

20. Nos comentários do Twitter, há dois termos — **mais** e **menosprezado** — seguidos por (**sic**), sinalizando para o leitor que o texto foi reproduzido do modo como foi escrito pelo autor. Essa sinalização sugere:

a) uma ironia por parte do jornalista responsável pela publicação do texto.

b) que o jornalista responsável pelo texto não domina as regras gramaticais.

c) que o jornalista responsável pelo texto identifica no texto original desvios da norma-padrão, mas prefere reproduzi-lo como no original.

d) que o internauta autor do comentário domina a norma-padrão, mas mostra-se descuidado em relação ao uso da língua em ambientes digitais.

Bibliografia

ANTUNES, Irandé. *Aula de português*: encontro & interação. São Paulo: Parábola, 2003.

BAKHTIN, Mikhail. *Estética da criação verbal*. São Paulo: Martins Fontes, 1997.

BRASIL. Ministério da Educação. Secretaria de Educação Básica. União Nacional dos Dirigentes Municipais da Educação. Conselho Nacional de Secretarias de Educação. *Base Nacional Comum Curricular*. Versão final. Dezembro de 2018. Disponível em: http://basenacionalcomum.mec.gov.br/images/BNCC_EI_EF_110518_versaofinal_site.pdf.

BRASIL. Secretaria de Educação Básica. *PDE/Plano de Desenvolvimento da Educação*: Prova Brasil – ensino fundamental: matrizes de referência, tópicos e descritores. Brasília: MEC/SEB/Inep, 2008.

COLL, César; MARTÍN, Elena. *Aprender conteúdos & desenvolver capacidades*. Porto Alegre: Artmed, 2004.

CORACINI, Maria José (org.). *O jogo discursivo na aula de leitura*. Campinas: Pontes, 1995.

COSCARELLI, Carla Viana (org.). *Tecnologias para aprender*. São Paulo: Parábola, 2016.

COSCARELLI, Carla Viana; RIBEIRO, Ana Elisa (org.). *Letramento digital*: aspectos sociais e possibilidades pedagógicas. 3. ed. Belo Horizonte: Ceale: Autêntica, 2011.

COSTA VAL, Maria da Graça. *Redação e textualidade*. São Paulo: Martins Fontes, 1994.

ILARI, Rodolfo. *Introdução à semântica*: brincando com a gramática. São Paulo: Contexto, 2001.

KLEIMAN, Angela. *Leitura*: ensino e pesquisa. Campinas: Pontes, 1989.

KLEIMAN, Angela. *Texto & leitor*. Campinas: Pontes, 1995.

KLEIMAN, Angela; MORAES, Silvia E. *Leitura e interdisciplinaridade*. Campinas: Mercado de Letras, 1999.

KOCH, Ingedore G. V. *A coerência textual*. São Paulo: Contexto, 1991.

KOCH, Ingedore G. V.; BENTES, Anna Christina; CAVALCANTE, Mônica Magalhães. *Intertextualidade*: diálogos possíveis. São Paulo: Cortez, 2007.

KOCH, Ingedore G. V.; TRAVAGLIA, Luiz C. *Texto e coerência*. 4. ed. São Paulo: Cortez, 1995.

MACEDO, Lino de; ASSIS, Bernadete A. (org.). *Psicanálise & pedagogia*. São Paulo: Casa do Psicólogo, 2002.

MACHADO, Nílson José; MACEDO, Lino de; ARANTES, Valéria Amorim. *Jogo e projeto*. São Paulo: Summus, 2006.

MARTINS, Maria Helena. *O que é leitura*. São Paulo: Brasiliense, 2004.

PERRENOUD, Philippe. *Construir as competências desde a escola*. Porto Alegre: Artmed, 1999.

ROJO, Roxane; MOURA, Eduardo (org.). *Multiletramento na escola*. São Paulo: Parábola, 2012.

SCHNEUWLY, Bernard; DOLZ, Joaquim. *Os gêneros orais e escritos na escola*. Tradução e organização de Roxane Rojo e Glaís Cordeiro. Campinas: Mercado de Letras, 2004.

SOLÉ, Isabel. *Estratégias de leitura*. Porto Alegre: Artmed, 1998.

ZILBERMAN, Regina da Silva (org.). *Leitura*: perspectivas interdisciplinares. São Paulo: Ática, 1999.